穿行诗与思的边界

Vita contemplativa
oder von der Untätigkeit

Byung-Chul Han

沉思的生活

或 无 所 事 事

[德]韩炳哲 著
陈曦 译 毛竹 校

中信出版集团│北京

图书在版编目（CIP）数据

沉思的生活，或无所事事 /（德）韩炳哲著；陈曦译 . -- 北京：中信出版社，2023.7（2024.1 重印）
ISBN 978-7-5217-5757-6

I. ①沉… II. ①韩… ②陈… III. ①韩炳哲－哲学思想 IV. ① B516.6

中国国家版本馆 CIP 数据核字（2023）第 092977 号

Vita contemplativa oder von der Untätigkeit by Byung-Chul Han
Copyright © by Ullstein Buchverlage GmbH, Berlin. Published in 2022 by Ullstein Verlag.
Simplified Chinese translation copyright © 2023 CITIC Press Corporation
ALL RIGHTS RESERVED
本书仅限中国大陆地区发行销售

沉思的生活，或无所事事

著者：　　[德]韩炳哲
译者：　　陈　曦
校者：　　毛　竹
出版发行：中信出版集团股份有限公司
　　　　　（北京市朝阳区东三环北路 27 号嘉铭中心　邮编　100020）
承印者：　嘉业印刷（天津）有限公司

开本：787mm×1092mm 1/32　　印张：4.5　　字数：75 千字
版次：2023 年 7 月第 1 版　　　　印次：2024 年 1 月第 2 次印刷
京权图字：01-2023-2882　　　　　书号：ISBN 978-7-5217-5757-6
定价：58.00 元

版权所有·侵权必究
如有印刷、装订问题，本公司负责调换。
服务热线：400-600-8099
投稿邮箱：author@citicpub.com

你

你教

你教你的手

你教你的手你教

你教你的手

睡觉

　　——保罗·策兰

我们由制梦的材料

制成；我们短暂的浮生

由睡眠萦绕。

　　——莎士比亚

我未出生，先已放弃。

　　——塞缪尔·贝克特

目　录

无所事事的面向　　　1

《庄子》旁注　　29

从行动到存在　　33

绝对的存在之缺失　　53

行动的激情　　67

来临中的社会　　97

注　释　　113

附录　韩炳哲著作年谱　　129

无所事事的面向
Ansichten der Untätigkeit

"滚动着,像石头一样滚动着,按照愚蠢的机械定律。"[1]——我们正在成为这样一群行动者。我们对生活的感知只剩工作和绩效,"无所事事"也就成了我们想尽快清除的赤字。人的存在被行动(Tätigkeit,活动)榨干,变成可以被剥削的对象。我们失去了对无所事事的感知。无所事事不是无力行动、拒绝行动,也不是简单地在行动中缺席,而是一种独立的能力。它有自身的逻辑和语言,有其自身的时间性,有自身的结构与气势,甚至有其自身的魔力。无所事事不是弱点和缺陷,而是一种强度,只不过在积极社会和绩效社会里,人既无法感觉到它,也不会认可它。面对无所事事的国度及其财富,我们不得其门而入。无所事事——人之生存的光辉形式,如今蜕化为行动的空洞形式。

作为一个被囊括进来的外在，无所事事重现于资本主义的生产关系，人们称其为"休闲时间"（Freizeit）。工作中消耗的精力在休闲时间得以恢复，因而休闲时间从属于工作的逻辑。它是工作的派生词，是生产内部的一个功能性元素；与此同时，人们清除了不属于工作和生产秩序的自由时间（freie Zeit）。我们不再熟悉那神圣的、节日般的安宁（Ruhe），"它将生命强度与沉思集于一身，即便生命的强度上升到恣意狂欢的状态，它仍可以将二者融为一体"[2]。休闲时间既无生命强度，又无沉思。它是我们为避免无聊而消磨掉的时间，不是自由的、有生命力的时间，而是死的时间。如今，有强度的生命意味着更多绩效、更多消费。我们忘记了，不事生产的无所事事才是生命的强度形式和光辉形式。人有必要以无所事事的政治学对抗工作和绩效带来的强制。无所事事能够创造真正的自由时间。

无所事事是人性的构成部分。它参与到"做"（Tun，作为）中来，让"做"实实在在具有了人性。倘若没有迟疑和中止，行动（Handeln）将沦为盲目的活动（Aktion）与反应（Reaktion）。缺失了安宁，就会出现一种新的野蛮。沉默加深了言说的深度。没有寂静，则没有音乐，而只有噪声与音响。游戏是美的精髓。哪里只有刺激与反应、需求与满足、问题与解决、目标与行动，生命就在哪里萎缩成生存和赤裸的、动物般的生命。唯有无所事事让生命富有光辉。

假若失去无所事事的能力，我们就会像一部只会运转的机器。对生存的忧虑和纯然属于生命的困苦终止之处，便是真正生命的起点。无所事事是人努力的最终目标。

行动虽然构成历史，却不具有塑造文化的力量。文化的源头不是战争，而是节日；不是武器，而是装饰。历史与文化的边界并不重合。塑造文化的不是直抵目标的路，而是偏移、游荡和曲折的路。文化的本质核心是装饰性（ornamental），它置身于功能性和实用性之外。装饰物摆脱了一切目标与实用价值的束缚。生命亦凭借装饰物证明自己大于生存。生命的神性光辉得自绝对的装饰，它不装点任何他物："人们称巴洛克是装饰性的，这并非事实的全部。巴洛克是绝对的装饰，它似乎摆脱了所有目的，包括其戏剧功能，而发展出一套自身的形式法则。它不装饰他物。它就是装饰本身。"[3]

人在安息日（Sabbat）停工，不得做营生。安息日作为一个节日，其本质在于无所事事，在于搁置经济活动，但资本主义反而将这个节日本身变成商品。节日变成了事件和景观，丧失了沉思的安宁。事件和景观只是节日的消费形式，无法创造共同体。居伊·德波[1]在其杂文集《景观社会》中称当下是没有节日的时间（festlos zeit）："从本质上讲，这个时代各类周而复始的节日活动看似日益频繁，但它仍是一个没有节日的时代。一个共同体能够在循环往复的时间里恣意地享受生命，而一个缺乏共同体、缺乏奢侈的社会则不具有这样的可能。"[4]

没有节日的时代，也是没有共同体的时代。今天的人无处不在呼唤社群（Community），但那仅是共同体的一种商品形式，无法缔造一个"我们"。不受约束的消费将人孤立、隔离开来，消费者是孤独的。电子化的交往也是一种没有共同体的交往，社交媒体加速了共同体的瓦解。资本主义将时间本身变为商品，时间由此失去了节日感。德波就时间的商业化评论道："对时间的广告取代了时间的现实性。"[5]

除共同体外，奢侈是构成节日特征的另一个要素。奢侈扬弃了经济上的强制。它是升华的活力，是一种强度；是脱

---

[1] 居伊·德波（Guy Debord, 1931—1994），法国思想家、导演，情境主义代表人物，代表作有《隆迪的狂吠》《景观社会》等。（本书脚注均为译者注）

位（Luxieren），意即对纯粹生命的必要和必需的偏移和偏离。然而，资本主义让生存变得绝对化。当生命萎缩成生存，奢侈也随之消亡。最高的绩效也无法企及奢侈。工作与绩效从属于生存的秩序。行动无法以奢侈形式存在，因为必先有不足，而后才有行动。在资本主义制度下，奢侈本身沦为消费的对象，沦为商品的形式，并失去了节日感和光辉。

对阿多诺来说，奢侈象征着毫无杂质的幸福，而这样的幸福已被效率的逻辑摧毁。效率与功能性是生存的形式，是奢侈让它们失去效力："不受约束的技术消灭了奢侈……用两天三夜的时间穿越大陆的快车是个奇迹，但搭乘快车的旅程丝毫无法分有蓝色列车（train bleu）逐渐暗淡的光辉。从敞开的窗户里挥手道别，收到小费的侍者友好的操心，用餐的仪式感，不断感受到他人给予的善意，而善意于他人也无损分毫——所有这些旅行的快感都已消逝，连同启程前在站台上散步的优雅的人们。此后的旅程中，即便在最昂贵酒店的大厅里也难觅如此优雅的身影。"[6] 真正的幸福得益于没有目的和实用价值的东西以及刻意的繁复，得益于不产出，得益于曲折的路、游荡和冗余，得益于不作用也不服务于任何事物的美的法则与姿态。相比朝着某个方向行走、奔跑甚至跋涉，从容的踱步是一种奢侈。无所事事的仪式感意味着：我们虽然做事，但不为任何事物（zu nichts）。不为任何事物摆脱了目的与实用价值，是无所事事的本质核心，是幸福的基本程式。

无所事事刻画出瓦尔特·本雅明笔下的漫游者（Flaneur）形象："漫游者独特的迟疑不决。等候是伫立的沉思者的本真状态，怀疑则似乎是漫游者的本真状态。席勒哀歌中有句诗：'蝴蝶怀疑的翅膀。'"[7] 等候与怀疑都是无所事事的姿态。缺少了怀疑，人的步态就像行军。蝴蝶振翅的优美来自迟疑，人的步态优美同样来自迟疑。决断或匆忙会让人的步履尽失优雅。漫游者运用了不行动（nicht-Handeln）的能力。他不追随任何目标，不经意地把自己交付给向他"眨眼示意"的空间，交付给"下一个街角、雾霭中远处的广场和身旁走过的女子背影中蕴含的魔力"[8]。

节日完全从"为了"（Um-zu）中解脱出来，从而也挣脱了服务于工作的目的和实用价值。在这个意义上，节日构成工作的对立面。摆脱"为了"让人的存在拥有了节日感和光辉。在摆脱"为了"和朝向目标的前行之后，人的步履变成了舞蹈："……舞蹈难道不就是将身体从日常活动中解放出来，在纯粹的无所事事中展示身体的姿态吗？"[9] 从"为了"中解放出来的双手不抓取，而是游戏。又或者，它们摆成纯粹的姿势，却不指向任何意义。

摆脱了日常活动的火唤起了人的想象力，成为无所事事的媒介："对人来说，炉灶内的火无疑是人幻想的第一个对象，是安宁的象征，它邀人慢下来。……假使我们在炉火前没有沉溺于幻想，就说明我们忘却了火真正人性而源始的意义。当人把双肘支在膝盖上以手托腮时，才体会得到火带给人的惬意。孩子面对炉火时会非常自然地摆成这种古老的姿势。思想者钟爱这一姿势也不无道理，它蕴含着一种独特的专注（Aufmerksamkeit），这样的专注与守卫者和观察者的警觉（Wachsamkeit）截然不同。……人要在炉火前坐下来休息。"[10] 火通常让人联想起普罗米修斯式的行为（Tat，行动）与行动（Handlung）的激情，而加斯东·巴什拉[1]对火的心理分析则揭开了其属于沉思的维度。人从孩提时起在炉火前不自觉地摆出的姿势，具象地呈现出人对沉思的古老偏

---

1 加斯东·巴什拉（Gaston Bachelard，1884—1963），法国著名科学哲学家、诗人、批评家，曾任巴黎索邦大学哲学教授，主要著作有《新科学精神》《梦想的诗学》《空间的诗学》等。

爱。沉思的无所事事将思想者与守卫者、观察者区分开来；守卫者和观察者总在追求一个具体的目标，而思想者没有目的，眼前也没有具体的目标。

普鲁塔克在《会饮》(*Quaestiones convivales*)中讲述过一种驱除"饥牛症"(*bulímu exélasis*)[11]的仪式，这种仪式用来驱除人对牲畜无休无止、永不餍足的饕餮之欲。根据阿甘本的解读，仪式的目的在于"将某种摄取营养的方式（像动物一样吞噬，以止息字面意义上无法止息的饥饿）从人的体内赶走，从而为一种人性的、节日般的饮食方式创造空间，只有赶走'饥牛症'才可能做到这一点"[12]。节日远离了纯然属于生命的需求。宴会无法让人饱食，不能满足食欲。"吃"此时置身于一种沉思的模式："'吃'不再是有目的的活动，而是无所事事，是饮食的'安息日'。"[13]

具有仪式感的活动包含着很大程度的无所事事，让我们从纯粹的生命中提升出来。斋戒与禁欲鲜明地将自身与作为生存的生命，与纯然属于生命的困苦和必然性之间划清界限。它们是奢侈的一种形式，因奢侈而具有节日感，其特征在于沉思的安宁。在本雅明看来，斋戒为"吃的秘密"[14]祝圣。斋戒让人的感官变得敏锐，面对再朴素的餐饭也能发觉它神秘的香气。本雅明在罗马不情愿地赶上了斋期时，他曾断言："我感觉到，这是个不可多得的机会，像皮带固定的狗鼻子在不起眼的生肉褶皱里细细翻找一样，让自己的味觉和嗅觉探向瓜果、葡萄酒、各样的面包、坚果，在它们中探寻一种从未感觉到的芳香。"[15] 仪式性的斋戒激活了感官，从而刷新了生命，把生机和光辉交还给生命。然而，在健康的支配下，生存成了斋戒的服务对象，斋戒也由此失去了沉思的、节日般的维度：它优化了赤裸的生命，让生命更好地运转——如今斋戒也以生存的形式而存在。

在这个意义上，无所事事是一种精神上的斋戒，因而拥有治愈的功能。为了对无所事事进行剥削，生产强制（Produktionszwang）将它变成一种活动的形式，就连睡眠也被视为一种活动。所谓"打盹儿"成了睡眠的一种活动形式。梦遭到肢解，人们用电流有意识地制造"纯净之梦"，让体力和精力在睡眠中得以优化。我们把绩效强制、优化强制延伸到了睡眠里。未来的人们很可能将睡眠和梦统统取消，因为睡眠和梦在他们看来不再有效率。

"在很长一段时间里，我都是早早就躺下了"，这是马塞尔·普鲁斯特《追忆似水年华》的开篇名句。睡眠开启了幸福的时刻。睡眠中的时刻"蕴含更高的真理（Wahrheit）含量，我的眼睛在外部世界的万物面前闭合"[16]。睡眠是通向真理的媒介。人们唯在无所事事中才得见真理。外部世界的万物无异于"表象"，睡眠在其背后敞开了一个真理的内在世界。梦者潜入存在的深层。在普鲁斯特看来，生命不断在事件之间纺织新的线，把关系编结成细密的织物，没有任何事物孤立存在。真理是一种基于关系的发生，处处带来一致。"拈出两个对象，在二者间建立联系"或"在两种感觉中阐明共同之处，揭示其共同的本质，就像生命所做的那样"，"……从而让它们摆脱将它们联系在一起的时间制造的偶然"[17]——作家在这样做的瞬间，真理就发生了。

睡眠和梦是真理钟爱的场所。它们取消了由清醒状态主宰的分隔与划界，万物在"潜意识生机勃勃而富有创造力的睡眠中敞开了其自身的真理（在睡眠中，轻拂过我们的万物探向更深处，酣睡的双手握住了开启真理的钥匙，它们曾徒劳地找寻这把钥匙）"[18]。行动在真理面前目盲，它们只触及万物的表层。决意有所作为的手四处寻觅，但开启真理的钥匙不会被它找到，而是落入酣睡之手。

普鲁斯特的《追忆似水年华》是一个绵长的、独一无二的梦。作为幸福的表征与源泉的无意识记忆（*mémoire involontaire*），就栖身在无所事事的国度，像一扇由魔术之手打开的门。幸福既不属于知识的序列，也不属于因果的序列，倒是与魔术和魔法有相通之处："在看似要失去一切的瞬间，我们偶尔会收到一个拯救的记号：人们叩遍所有的门，门背后都没有出路；唯有一扇门可以走进，人们已徒劳地尝试了百年；忽然间，在人毫不知晓时，门自己打开了。"[19]

睡眠与无聊（Langweile）都是无所事事的状态。睡眠是身体放松的极致，无聊则是精神放松的顶点。本雅明称无聊是"一方温暖的灰色毛巾，内有最炽烈多彩的真丝衬里"，"我们做梦时可以用它裹住自己"[20]。无聊是一只"梦之鸟"，孵化出"经验之蛋"[21]，然而它的巢却很快倾覆，"倾听的天赋"也因此消失。

真正强烈的经验并非来自工作与绩效，也不是从行动中产生。它往往以一种特殊形式的被动与无所事事为前提。"与他者之间产生经验——无论物、人或神，意味着让它降临我们，击中我们，让它在我们身上发生，让我们为之倾倒，为之改变。"[22] 经验建立在天赋和接纳之上，以倾听为媒介。如今，信息的噪声、交际的噪声终止了"倾听者的联盟"。无人倾听,每个人都忙于自我生产。

无所事事需要花费时间,需要长久的停留(lange Weile),需要深入的、沉思的驻留(Verweilen)。在一个匆忙的时代,无所事事十分罕见,一切都变得短期、短促、短视。消费主义的生活方式在今天无孔不入,它让每一种需求立即得到满足。我们不再拥有等待的耐心,好让事物在其中缓慢成熟。得到认可的唯有短期的效应和迅速的成功。行动崩解成反应,经验稀释成体验,感受枯萎成情绪与冲动。我们无法走进真实(Wirklichkeit),真实只向沉思的专注敞开自身。

无聊对我们来说越来越难以忍受,去经验一些事物的能力也随之萎缩。梦之鸟已在纸页森林中灭绝:"在画满图像的纸页构成的森林中,它(梦之鸟)必然已难觅踪迹。我们的'做'也没有为它保留栖身之所。……赋予人创造之手的闲暇(Muße)荡然无存。"[23] 创造之手不行动,而是倾听。然而网络这一"数码的纸页森林"剥夺了我们"倾听的天赋"。梦之鸟孵化着经验之蛋,像一位静静伫立的沉思者,在等待中将自己完全交付于"潜意识的发生"(unbewusstes Geschehen)。他从表面上看无所事事,但无所事事为经验提供了可能。

当等待不再针对某个特定事物时,等待才真正开始。倘若我们等待某种特定事物,等待的意涵就减少了,我们也被屏蔽在潜意识的发生之外:"当等待的对象(包括等待的终结本身)不复存在,等待便开始了。等待不知晓。等待摧毁等待的对象。等待不等待任何对象。"[24] 等待是沉思的无所事事所采取的精神姿态。一个全然不同的真实向等待敞开,而行动无法走进这种真实。

等待确定了俄耳甫斯与欧律狄刻之间的关系。唯有在等待中,俄耳甫斯与欧律狄刻的距离最近。他可以为她歌唱,追求她,却无法将她据为己有。欧律狄刻的离去使得俄耳甫斯的歌唱成为可能。在俄耳甫斯心下不安,担忧欧律狄刻不在他身后,四处张望想要确认这一点时,便永远失去了欧律狄刻。欧律狄刻象征无所事事的国度、黑夜、阴影、睡眠与死亡。从根本上讲,人不可能把她带到阳光下。俄耳甫斯的歌声与作品恰恰归功于死亡,而死亡无异于无所事事最极致的升华。莫里斯·布朗肖将闲暇(désoeuvrement, Untätigkeit)——字面意思为"去-工作"(Ent-Werkung)、"无工作"(Werklosigkeit)——带进死亡的语义场。夜晚、睡眠与死亡让俄耳甫斯变为"不工作的人"(*désoeuvré*, der

Unbeschäftigte）和"无所事事的人"（der Untätige）[25]。艺术家倾听与叙事的天赋得自无所事事，得自闲暇。俄耳甫斯即为艺术家的原型。艺术的前提是其与死亡的深刻关系。唯在向死而生中，文学的空间才得以打开。写作从来都是面向死亡的写作："在某种程度上，卡夫卡已死，死亡已被给予他……死亡的天赋与写作的天赋相关。"[26]

知识无法完整地描摹生命。完全被认知的生命是死的生命。生命体对自身来说不是透明的。"不知"（Nichtwissen）则以无所事事的形式激活了生命。尼采在一则关于"新启蒙"的箴言中提出，"无知"（Unwissenheit）是生命的胚芽："你只看出人与动物生活于怎样的无知中，尚且不够；你还必须拥有并学着拥有无知的意愿。你必须懂得，倘或没有这种无知，生命本身都变得不可能。无知为生命体的维系与繁盛创造了条件：一座庞大坚实的无知之钟必立于你身畔。"[27]求知的强烈意愿缺失了生命最内在、最深刻的部分，剥夺了生命的活力。尼采或许会说，没有无所事事，生命就不可能成为生命；无所事事为生命体的维系与繁盛创造了条件。

在《论木偶戏》（Über das Marionettentheater）中，克莱斯特从无知、无意与无所事事中寻找优美（Anmut）的源头。他认为人类舞者永远无法达到木偶的优美，因为木偶"毫无任何附加成分地"单纯服从"纯粹的重力法则"。木偶不是自愿地行动，而是悬在地面上方。它们的运动像"自发"地发生，其优雅（Grazie）得自"不做"（Nicht-Tun）。有意识的、自愿的"做"让运动不复优美。作者在同一个故事里讲到一位少年，他在镜中意识到自己姿势的瞬间就失去了优美。优美与美都栖身于有意识的努力之外："较之在有机世界里，反思在这一范围内越来越晦暗、微弱，优雅则愈加光彩夺目地登场。"[28]

修行的终极目标，在于达到意志退场的状态。大师修行以摆脱意志，其至高境界是"不做"。行动成就于无所事事中。幸福之手既无意志，也无意识。瓦尔特·本雅明对修行做了如下描述："修行者苦修勤练，筋疲力尽，达到身体的极限，此时身体和四肢终于能够按各自的理性行动，此即修行。寓居体内的意志为了器官（比如手）的缘故永久地退场，于是一件久已遗失、难觅踪影的事物突然从一个人的脑海中腾跃而出。当他寻觅另一事物时，前一事物便落入他掌中，反掌间又与手掌融为一体，此即修行圆满。"[29] 意志常使我们目盲，看不见发生的事情。无目的、潜意识则照亮了发生与存在——二者既先于意志,也先于意识,从而让我们目明。

在短篇小说《不要忘记最好的东西》(*Vergiß das Beste nicht*)中,本雅明构思了一个有关完满人生的譬喻。主人公是个忙碌的人,果决而极其细致地完成手头的营生,事无巨细地将一切记录下来。每逢约会,他就成了"守时本身"。对他来说,一道"能让时间恣意生长的最狭窄的缝隙"都不存在。他没有空闲的时间。然而,他在自己忙碌的生活中感到极度不幸。后来发生了一些难以预料的事,给他的此在带来剧烈的变化。他丢掉钟表,练习晚到,直至对方离去很久以后,他才入座"以等待"。事情在没有他干预的情况下发生并让他获得幸福感。通往天堂之路向他敞开:"当他并未想到朋友也最不需要朋友时,朋友来看望他;他收到的礼物虽不贵重,却十分及时,仿佛天堂之路就掌握在他手中。"他想起一则牧童的传说:"一个星期天",牧童走进一座蕴含着丰富宝藏的山中。在进山之前,他得到一条谜一般的指示,即"不要忘记最好的东西"。"最好的东西"指的就是不做。本雅明有关无所事事的譬喻以这样的话语结束:"这段时间里,他感觉尚可,完成的事很少,为完成的事获得的报偿也很少。"[30]

真正无所事事的人，不会自我宣称（sich behaupten）。他除掉自身的名，成为"无人"（Niemand，"无此人"）。他无名无求，完全听凭事情发生。罗兰·巴特在这联俳句中找到了他"梦寐以求的怠惰（Faulheit）"[31]：

静坐无所为，

春来草自生。

巴特指出，俳句中有明显的错格（Anakoluth）和语法的破碎。"静坐无所为"之人，并非句子真正的主语。他出让了自己的语法位置，将主体身份让渡给春天（"春来"）并淡出人们的视野。巴特以此得出结论："在怠惰的情境中，主体作为主体的特质"，即对主体起到构成作用的行动，"几乎被剥夺"。荒谬（Widersinn）即无所事事的主体。主体与行动彼此互相界定。从无所事事（巴特称之为"怠惰"）中透射出一种去主体化、去个体化甚至是消除的效果。"草"作为另一个主语也烘托出了俳句无所事事的情感基调。草"自"生。按照巴特的思路，无所事事的激情带来了心灵的错格。主体放弃了自我，让自我听凭事件的发生。每一行动都被扬弃，让位于无主体的发生而被扬弃："这便是真正的怠惰。达到这一状态时，人就可以在某些瞬间不必再提'我'字。"[32]

沉思者具有独特的模仿能力，让自身与物相似，从而走进物的内部。本雅明在《柏林童年》(*Berliner Kindheit um Neunzehnhundert*)中讲到一位中国画家，他在一众友人面前消失在自己的画作中："这个故事来自中国，一位年迈的画家给友人展示他最新的作品。画中有一座园子，水上的独木桥通向一扇小门，门后是间小屋。友人环顾四周时，画家已现身画中，步上小径，静静驻立门前，回首微微一笑旋即消失于门缝。瓶瓶罐罐和画笔中的我也似跃入了画中。我乘着一片彩云走进瓷器，自身与瓷器已难分彼此。"[33]画家在消失前微微一笑。本雅明将微笑解读为一种模仿的能力，一种"最高程度的模仿意愿"，标志着微笑"愿意与它所针对的物相似"。充满魔力的微笑"是人将外物内化的方式，证实了人出色的模仿力"[34]。模仿的状态是无我的状态，人在这种状态中游戏般地过渡到他者，其本质特征是微笑的友善。

无所事事不是行动的对立面。毋宁说，行动从无所事事中汲取养分。本雅明认为无所事事是新事物的助产士:"倘若不知道等待的对象,我们就会感到无聊;知道等待的对象或自认为知道等待的对象,往往不过是浅薄或心不在焉的表现。无聊是走向伟大行动的临界状态。"[35] 无聊构成"无意识事件的外在面向"。没有无聊,则无事可以发生。新事物的萌芽并非行动的决断,而是无意识的发生。失去无聊的能力,也就无法从事那些恰恰建立在无聊基础上的行动:"无聊在我们的'做'中不再有一席之地。与无聊有着隐秘、密切关系的行动也已消失殆尽。"[36]

无所事事的辩证法将这些行动转变成一个临界状态,一个非规定性的场域。非规定性使人获得了创造尚不存在之物的能力。无此临界状态,则只会有相同事物的不断重复。尼采曾写道:"发明者的生活与行动者的生活截然不同,前者需要时间以等待那些无目的、不规则的行动出现,比如实验和新的路径。注重实际的行动者只走自己熟悉的道路,发明者则需要更多的摸索。"[37] 有创造力的行动者与注重实际的行动者的区别在于,他们做事不为任何事物。正是行动中无所事事的成分,让全然不同的、从未出现的事物有了出现的可能。

唯有沉默能使我们讲出富有新意的内容，交际强制带来的则是相同事物的再生产和从众心态："我们今天面临的困难不在于无法自由地表达观点，而在于如何创造一个自由空间，在这个空间里我们可以保持孤独与沉默，可以找到言说的内容。压制的力量不再阻碍我们表达观点，甚至迫使我们表达自己的观点。能够不必说话，保持沉默——唯拥有这样的自由，我们才有可能完成一件越来越罕见的事：言说那些真正值得被言说的事。"[38] 与此相应，行动强制，相同事物不断重复，只有无所事事的自由空间为一件越来越罕见的事提供了可能：去做那些真正值得做的事。换言之，无所事事是一个门槛，通往富有新意的行动。

行动强制，确切说是生活的提速，证明自身是一种高效的统治手段。如果说当今世界不太可能爆发革命，那么原因或许在于我们没有时间思想。没有了时间，没有了深呼吸，相同事物只会不断重复。自由思想者已然消亡："由于没有时间思想，无法静心思想，人们不再细细斟酌那些异见，而是满足于厌恶它们。伴随着生活急剧的提速，头脑与眼睛习惯了不完整的观看与思想，人人都像观光客，只从列车里了解风土人情。独立与审慎的认知态度几乎被贬低为一种疯狂的举动，自由思想者也声名狼藉。"[39]

尼采抱怨了流行的从众心态后继续写道："这通刚发完的牢骚，或许某天会随着一位沉思（Meditation）之天才的强势回归而自行缄默。"作为沉思（Kontemplation）的天才，自由思想者在无所事事中散发光芒。尼采断言，那些"行动者"和"不得安宁者"在我们这个时代受到前所未有的推崇，导致我们的文明沦为一种"新的野蛮"；为提升人类品质，一项必要的调整即"大大增强闲暇的成分"[40]。

语言若被生产强制所抓住，就会崩解成信息的载体，即纯粹的交际手段。信息是语言的"行动方式"，而文学则废除了语言的信息性。语言在文学中切换至沉思模式，变得无所事事："文学是……语言的交际与信息功能钝化的瞬间，又或是这样一个瞬间：……语言栖息在自身中，审视着它的语言能力，并以这种方式打开语用层面新的可能性。在这个意义上，但丁的《新生》（Vita nuova）和贾科莫·莱奥帕尔迪[1]的《颂歌》（Canti）是意大利语的沉思。"[41] 我们这些行动者中鲜有读诗的人。沉思能力的丧失影响了我们与语言的

---

1 贾科莫·莱奥帕尔迪（Giacomo Leopardi, 1798—1837），意大利诗人、哲学家、语言学家，浪漫主义文学重要代表。

关系。我们醉心于信息和交际，远离甚至开始厌恶文学，即语言的沉思。

语言若止步于工作和生产信息，就会失去一切光辉，不断对相同事物进行再生产，令人感到疲乏。法国作家米歇尔·布托尔[1]将文学在当代遭遇的危机归咎于交际："近十几二十年来，文坛几乎没什么动静。出版物浩如烟海，思想却停滞不前，其根源在于交际的危机。新的交际工具虽令人惊叹，却带来了可怕的噪声。"[42]交际的噪声打破了寂静，剥夺了语言的沉思能力，致使语言难以开启新的表达方式。

资本是以最纯粹的形式存在的行动，是一种超越性（Transzendenz），它侵占并完全地剥削着生命的内在性（Immanenz）。资本从生命中剥离出另一个只知工作的赤裸生命，将人贬低成"劳动动物"（*animal laborans*）。一并遭到剥削的还有自由。按照马克思的观点，自由竞争无异于资本同作为另一个资本的它自身的关系。[43]资本在我们彼此间的自由竞争中繁殖。自由的只有资本："在自由竞争中，自由

---

1 米歇尔·布托尔（Michel Butor，1926 — 2016），法国小说家，代表作有《米兰弄堂》《时间表》《变》《程度》等。

的并不是个体，而是资本。"[44] 自以为自由的个体在本质上不过是资本的生殖器官，服务于资本的繁殖。新自由主义思潮下自由与绩效的过剩，无异于资本的过剩。

超越性使生命与自身疏离。无所事事的政治学则让生命的内在性摆脱了超越性。唯有在无所事事中，我们才能感知脚下的土地和身处的空间；生命切换至沉思模式，飞回隐秘的存在之根基，找回自身并审视自身，抵达其深刻的内在。唯有无所事事能向我们吐露生命的秘密。

在德勒兹看来，生命的内在就是至福："或许可以说，纯粹的内在是且仅是单一生命。它不是生命中的内在，而是一种不在任何事物中的、内在性的存在；它本身就是生命。生命是……绝对的内在：它是完满的能力，完满的至福。"[45] 作为生命的内在是处于沉思模式的生命，而作为内在的生命则是一种不行动的能力。在这个意义上，生命是"不在任何事物中的、内在性的存在"，因为它既不臣服于任何事物，也不依赖于任何事物。生命指涉的是自身，也栖息于自身。"内在"的生命是自足的、属于自己的生命。自足就是至福。自足也是孩童的特征，他们在无所事事的状态里显得格外耀眼："孩童身上充满内在的生命，它是一种纯粹的能力,甚至是逾越苦难和衰弱的一种至福。"这一"完满的能力"表现为"不假思辨的纯粹沉思",表现为"不假思辨的观照(Schauen)"[46]。这是一种沉思的能力,一种不行动的能力。

德勒兹所说的充满"内在生命"的孩子类似于汉德克笔下在无所事事中幸福地失去自我的小孩:"每天傍晚,在西班牙的利纳雷斯,我都观察那些幼小的孩童,他们逐渐变得倦怠(Müdigkeit):不再有贪欲,手中不再抓取任何东西,而只剩下游戏。"[47]汉德克在《试论倦怠》(*Versuch über die Müdigkeit*)中唤起的"根本性的""超越尘世的倦怠"反映在不行动的"纯粹能力"中:"品达的颂歌献给倦怠的人,而非胜利者!我想象着在圣灵降临节上,信徒倦怠地穿过长椅接受圣灵。倦怠的灵感并不告诉我们去做什么,而是告诉我们可以不做什么。"[48]汉德克"超越尘世的倦怠"有别于世俗意义上无力的倦怠,后者指没有行动的能力。作为一种纯粹能力,超越尘世的倦怠不服从任何"为了",不服从任何目的和目标。倦怠的行事不为任何事物,像孩子一样不停地动,却不做什么,也不完成什么。

罗伯特·穆齐尔[1]在小说《没有个性的人》（*Der Mann ohne Eigenschaften*）中提到一个"无所事事的国度"。这里像永恒的安息日，无所事事的魔灵让世界沉浸在沉思状态里："人们的一举一动必须十分安静。……人们还必须放弃用来做营生的理智，把自己的思想剥离所有工具，防止思想也沦为工具。……他们要坚持不懈，直到头脑、心灵和四肢完全被沉默浸润。达到至高的无我境界后，内在与外在终于得以触碰彼此，仿佛有个突然冒出的楔子将世界一分为二……"[49] 穆齐尔"亮如白昼的神秘主义"制造了"另一种状态"，抹去了物与物彼此孤立的界限，让它们像梦境中一般相互交错。无所事事的风景里不存在分界线，物与物融会、和解，达到穿过、渗透彼此的状态："单个部分失去了吸引我们注意力的自我中心倾向，变得情同手足，在'亲密'（innig）一词的本意上相互结合。"[50]

"超越尘世的倦怠"描述的是沉思模式下的精神。世界在和解中向疲倦之人的目光敞开自身。"万物一体"（Alles beieinander）是和解的公式："他者同时变成了我。我倦怠的

---

[1] 罗伯特·穆齐尔（Robert Musil，1880—1942），奥地利作家，现代主义文学代表人物之一，主要作品有长篇小说《没有个性的人》。

双眼捕捉到的两个孩子，就是此刻的我。姐姐拖拽弟弟穿过酒馆的画面也具有了意义和价值，没有任何一物比他物的价值更高。落在倦怠者脉搏上的雨滴，与河对岸行人的一瞥同样珍贵。它既善且美，是事物原有也应当葆有的样子。最重要的一点：它是真。"[51]真理更深的意涵在于物的和谐一致（Überein-*Stimmung*），真与美在友善中彼此趋同。无所事事的风景里，物与物彼此结合，闪闪发光。发光是沉思模式下的思想。"塞尚几乎总是在描绘婚礼与结合：树化作雨，风化作石头，一物追逐一物，大地的风景绽放出微笑。"[52]

在无所事事的风景里，没有任何事物在自身与他者之间划界，也没有任何事物僵滞于自身，固着于自身。"松树蓝色的浓郁香气"与"石头的气味和远处圣维克多山岩石的香气"[53]相结合。发光的友善在塞尚无所事事的风景里涌动，从物的调谐（Zusammenklang）中苏醒："所有声响穿透彼此，所有形式盘绕着相互交错，联系由此产生。"[54]物与物的关系简单明了："杯子和盘子在交谈，不停地分享着彼此的秘密。"[55]绘画无他，就是"在广阔的空间里解开事物间的友谊"[56]，让它们的和谐一致，也就是它们的真理得以表达。那将物凸显出来的清晰界限和鲜明对比都是表层现象，在存在的更深层次中被扬弃。

人的目的与判断摧毁了存在的延续性。塞尚写道："我们为何切分世界？这不正反映出我们的自私吗？我们希望一切为我们所用。"[57] 人必须做出退让，才能让物散发独有的光辉，摆脱人强加于它们的目的与活动："我们生活在人创造的世界里，在有用之物中间，在房屋里、大街上、城市中。大多数时候，我们仅仅以人的活动为视角看待它们，也就是在它们之中、之旁或通过它们而得以完成的活动。"[58] 塞尚无所事事的风景重新回归自身，从而脱离了人格化的自然并建立起非人格化的、物的秩序。他笔下的苹果不适合享用，瓶瓶罐罐也不是服从于"为了"，服从于人类目的的原料和工具，而是有着自己的尊严和光辉。

理想的画家能停下所有活动和意念，让一切自行发生。画家变成"无人"的瞬间，也是画作成功的瞬间："人从来没有画过风景。风景中不该有人的出现，人应完全融入风景中。"[59] 画家以作画的方式放逐自我，让自我迷失于风景中，无意识地将风景移到画布上。无边风景汇聚笔端，将自身画出。塞尚召唤的无所事事叫作"静下来"（Stille machen），让那个喧嚣的我，那个带着意志、目的与倾向的我消失。塞尚这样理解画家的任务:"他必须让自己全部的意志沉默,让所有充满偏见的声音在他体内缄口,忘却,忘却,静下来,成为一个完满的回声。整个风景就会映现在他感光的画板上。"[60]

在塞尚看来,无所事事是人生存的理想状态,他的作品也因而流露出无所事事的精神气质。对组画《打牌者》的一则评论中写道:"塞尚描绘了几个游戏中的农民,他们无所事事,手肘支在膝前。画家将肤浅的……社会理想暂时放下,着力预示人从工作、劳累和重负中获得的最终解放。"[61] 组画《沐浴者》则塑造了一个无所事事的乌托邦,人与自然在无所事事的光辉中交融渗透,沐浴者在画作的某些局部完全融化于风景,没有任何活动与目的将人与自然分离。《沐浴者》展示了一个获得拯救的世界。人与自然的和解是无所事事的政治学之终极目标。

《庄子》旁注
Eine Marginalie zu Zhuangzi

庄子讲过一个关于厨师的小故事。这个故事很像克莱斯特《论木偶戏》的续篇，主人公堪称无所事事的大师，致力于不做。他懂得利用事物中潜在的可能性，而不是刻意对事物进行干预。解牛时，他的刀在牛骨的缝隙间游走。他解释道："良庖岁更刀，割也；族庖月更刀，折也。"庄子笔下的庖丁不费吹灰之力就将一头牛拆解开来："每至于族，吾见其难为，怵然为戒，视为止，行为迟，动刀甚微，謋然已解，如土委地。"[62] 庄子将解牛描写成一个无拘无束、无目的的事件。这位厨师原本什么也没做，似乎只轻触了一下，然后从旁观看整个事件。当牛的皮肉筋骨仿佛自行开解之后，他自己也对这件他未参与就发生了的奇异事件感到惊讶。

自然农法的先驱福冈正信在其农业实践中坚定地贯彻了庄子的学说。他称之为"无为农业"（Nichts-Tun-Landwirtschaft）。他坚信，现代农业技术会摧毁温和的自然法则。在他看来，现代农业技术提供的解决方案，只能应对技术自身带来的问题。正如庄子笔下的庖丁那样，无为的农业利用的是蕴藏在自然中的可能性与力量。庄子也许会说，聪明的农夫不犁地，而福冈的无为农业真正地舍弃了犁地："（无为农业的）首要原则是不加工土壤，也就是说不犁地，不翻耕。几个世纪以来，农民们一直认为犁地对农作物的种植来说不可或缺。但对自然农法来说，不加工才是根本。土壤可以借助植物根系的穿透以及微生物、小动物和蚯蚓的活动，自然而然变得肥沃起来。……人类对自然进行干预后，无论怎样努力，都无法让他们造成的伤口愈合。……如果不去干涉土壤，那么土壤就能以自然的方式维持其肥力，与动植物的生命周期协调一致。"[63] 就像庄子书中的厨师一样，好的农夫把自己的工作理解为听凭事件发生。无为是他的信条。福冈有句话读来颇像庄子的箴言："如果人们悉心栽种一棵树，从一开始就允许它遵循其自然形式而生长，那么任何修剪、喷洒药物的做法都是多余的。"[64]

海德格尔的思想也接近庄子无所事事的哲学。海德格尔的"泰然任之"（Gelassenheit）包含了无为的维度。人使大地与它"不显露的可能性所具有的法则"分离，并屈从于一种完全的实用价值，从而毁灭了大地："唯有在技术中不断确立自我的意志，将大地拽入人为的疲劳、损耗和改变中。意志迫使大地离开它不断增长的、可能性的圈子，进入一个不再属于可能而是属于不可能的圈子。"[65] 拯救大地意味着让大地留在其可能性中，留在其可能性的增长圈中。海德格尔无所事事的伦理学在于：利用可能，而非将不可能强加于它。

从行动到存在
Vom Handeln zum Sein

保罗·克利有一幅画,名为《新天使》(*Angelus Novus*)。画中的天使似乎正在把视线从他凝神的东西上移开。他大睁眼睛,嘴巴张开,翅膀伸展着。历史的天使一定就是这副模样。他把脸转向过去。在我们面前,一连串事件出现的地方,他只看到一场灾变。灾变不停地将瓦砾堆积起来,抛在他脚下。他想驻留,唤醒死者,并拼凑起被打碎的东西。但一场风暴从天而降,夹缠在他翅膀里,强大到他再也无法将翅膀合拢。势不可当的风暴驱使他走进未来,他转过身去,面前的瓦砾堆却朝向天空生长。我们称之为进步的东西,就是这场风暴。

——瓦尔特·本雅明

汉娜·阿伦特将20世纪理解为一个行动的时代。决定我们与自然之间关系的不再是惊奇的观察,而仅仅是行动。通过让自然完全服从于人的意愿,人的行动超出了人际关系的领域并走进自然,由此释放出这样一种过程:如果没有人的干涉,它或者不会发生,或者完全失控:"就好像我们把自身的不可预测性,即没有任何人能够预料其行动的后果这一事实,带进了自然界本身,从而将旧有的自然法则引入性质完全不同的、人类行动法则的领域中。我们想完全地依赖旧的自然法则那无条件的有效性,因为我们自己就是不可预测也永远不能绝对可靠的典型。然而就其本身而言,人类行动的法则永远不能普遍适用,也永远无法做到绝对可靠。"[66]

大自然完全屈从于人类行动的结果是人类世的出现。大自然失去了它所有的独立性与尊严,沦为人类历史的一个构成部分、一个附属品。自然的规律性受制于人的任意性,受制于人类行动的不可计算性。我们用行动制造历史。而今,我们让自然完全消融在人类行动产生的关系中,以此来制造自然。人类世恰恰标志着自然完全被人的行动吸纳与剥削的历史时刻。

面对人粗暴地干预自然造成的灾难性后果，我们该做什么？阿伦特坦言，她无法提供任何解决方案，只想通过自己的思考促使人们"探究行动的本质与可能性。就其规模与危险性而言，这样的行动还从未如此公开而不加掩饰地显现出来"。此外，她还想带领人们进行思索（Besinnung），"思索的最终结果或许仍然在遥远的将来，但它也许能成为适合我们自己的时代、适合我们经验的政治哲学"[67]。

这种对人类活动的全部问题有所意识的"思索"，会带来怎样一种"政治哲学"？阿伦特在《积极的生活》(*Vita activa*)中首先展现了人类行动的伟大与尊严。广义上的行动缔造了历史。在她看来，人类行动的危险性仅仅在于它无法预见自己造成的后果。即使在后来阿伦特也从未反思过，要为她那个时代就已显露无遗的灾难负责的，正是人类行动的绝对化。哲学作为一种基本思索的仍然遥远的结果，恰恰应该将不行动的人类能力作为其研究对象。

行动是属于历史的动词。本雅明"历史的天使"直面人类行动的灾难性后果。在他面前，历史的瓦砾堆朝着天空的方向生长，但他无法清除瓦砾，因为他被来自未来的风暴——名为"进步"的风暴裹挟。睁大的眼睛和张开的嘴巴是他的无力与震惊的写照。人的历史是一部被续写的启示录，一部没有事件的启示录（Apokalypse ohne Ereignis）。"灾变性的"就是以没有事件的方式延续现在："进步的概念建基于灾变的概念。灾变是'像这样继续'。灾变不是总摆在我们面前的东西，而是总被给定的东西。……地狱不是可能出现在我们面前的东西，而是此处的生活。"[68]具有灾变性的并非意外事件的发生，而是"继续如此"的延续，是相同事物持续不断的重复，甚至最新的事物也以相同事物的面目示人："……事实上，恰恰在最新的事物方面，世界的面目从未发生改变。就其每一个局部而言，最新的事物都是与此前相同的事物。这延续了地狱的永恒。"[69]因此，救赎存在于对现在的彻底中断。人的行动不可避免地朝向末日。唯有不行动的天使，才有可能对人的行动加以制止。

在阿伦特《积极或行动的生活》（*Vita activa oder vom tätigen Leben*）出版前几年，海德格尔做过一场题为"科学与沉思"（"Wissenschaft und Besinnung"）的报告。与急迫向前的行动相反，沉思带我们回到我们久已存在的地方，为我们打开一个此在的空间，而此在行走于所有行动之前，甚至驻留于所有行动之前。

沉思具有一种无所事事的维度，把自身交付给存在："采取一种事物自发选择的方向，这在我们的语言中称作sinnan, sinnen（思）。它是面对可疑之物时的泰然任之。通过以这种方式去理解沉思，我们凭借自身抵达了长久以来的栖身之地，尽管我们对此既无体会，也无洞见。在沉思中，我们接近一个地方，那里有个空间敞开，我们的所作所为都在对它进行全方位的测量。"[70]

沉思是一种不行动的能力，它意味着一种作为中断和无所事事的停顿。海德格尔在《黑皮书》（*Schwarze Hefte*）中写道："当人不再能预感到无所事事的沉思具有的静谧力量时，人应当何去何从？"[71] 预感并非一种有缺陷的知识。它为我们开启了存在，开启了"场域"（Da，此）。它避开了命题式的知识。唯有预感能让我们找到那条通向曾经的栖身之地的路径。"这里所说的预感……并不是人们通常认为的对未来和眼前事件的计算；相反，它丈量、估测着整个的时间性，即场域的'时间—游戏—空间'（Zeit-Spiel-Raum）。"[72] 预感不是"知识阶梯的初级阶段"；相反，它把人引领进一个"大厅"[73]，每个可知之物在那里都有自己的位置，都在发生。海德格尔的思孜孜不倦地围绕着那个作为初级阶段的场域，那个无法被命题性的知识追赶的场域。

无所事事的沉思着眼于那不再受行动束缚的场域的魔力。沉思的步伐"不是向前，而是向后，向着我们的已在之处"[74]，让我们"抵达曾驻留过的地方"[75]。就其根本的内在性而言，场域离我们太近，以至于常常被忽视。它比近旁的客体更临近我们，是"更近的存在"。忙于行动的人定然会忽略它，它只向无所事事的、沉思的驻留敞开自我。为了用语言描述这个预设的场域，海德格尔穷尽了所有描述无所事事的词汇，甚至使用了"等待"这一形象："等待是超越一切行动力的能力。谁能进入等待的状态，谁就超越了所有成效和成果。"[76] 只有在无意向的等待中，在等待的驻留中，人才会对他已经身处其中的空间有所察觉："在等待中，人的本性凝聚在一种专注里，这是本应属于它的地方。"[77] "无所事事的沉思"追随着不耀眼、不可行与不可支配之物的光辉，它们没有任何用途与目的："沉思的清贫允诺着不可胜数的财富，财富的珍宝在无用之物的光辉中闪耀。"[78]

用语言去界定场域并非易事，因为场域不具有命题性质。

它既不存在于思（Denken），也不存在于直观（Anschauen），更接近鸡皮疙瘩（Gänsehaut）而不是视网膜。前在的反思是打开场域的方式。此在（Da-Sein）首先表现为一种先于意识（Bewusst-Sein）的情绪存在（Gestimmt-Sein）。情绪（Stimmung）不是投射于对象世界的主观状态，它就是世界；情绪甚至比任何一个对象都更客观，虽然它本身不是对象。我把注意力放在一个对象上之前，我已现身于一个规定的世界。作为现身情态的情绪先于所有与对象有关的意向性（Sichrichen auf）："情绪总是将'在—世界—之中—存在'（In-der-Welt-sein）作为一个整体打开，并使得意向性成为可能。"[79] 唯有情绪能为我们打开与存在者邂逅的空间。情绪揭示了存在。

情绪无法被人支配，只能自己来临。我们也无法刻意创造情绪，而只能被抛进情绪中。不是行动，而是被抛状态决定了我们源初的在—世界—之中—存在，这种被抛状态是一种本体论的源初被动性。世界在情绪中揭示了自身的不可支配性。情绪先于每一项行动，同时也对它们起着决定作用。所有行动都是决定性的行动，尽管我们并未觉察到这一点。因此，情绪构成了先于行动的反思框架，从而支持或阻止某些行动。行动的最深处寓居着一种被动性,在这个意义上,行动并非完全具有自由或自发的特质。

思同样不是纯粹的活动和自发的行动。思固有的沉思维度使它成为一种应和。它允许自己被那种"作为存在的声音给我们以慰藉"的东西所决定,并由此与存在的声音应和。思意味着"打开我们的耳朵",即倾听与聆听。倾听与应和是说话的前提:"哲学是自行完成的应和,只要它关注存在者之存在的共鸣。应和倾听着共鸣的声音。……应和必然始终调谐,而不仅仅是偶然地、偶尔地调谐;它处于一种调谐状态。只有在调谐状态(Gestimmtheit / disposition,情态)的基础上,应和的言说才具有精确性和规定性。"[80] 情绪不是无规定的、分散的东西;相反,它赋予思以规定性。情绪是一种引力,将语词和概念浓缩为具有规定性的思想,在一个前反思的层面上给思维以规定的方向。没有情绪,思就没有了目的地,没有了规定,变得无规定且任意:"如果没有基本情绪,一切都将被迫卷入概念与语词的空壳碰撞而来的噪声。"[81]

思总是已经调谐的,即任由支撑它的情绪支配。思的前反思基础先于每一种思:"所有本质的思每每都要求从基本情绪中敲击出思想与命题,就像敲击出矿脉那样。"[82] 海德格尔致力于揭示思中的被动性。假设内在于思的是激情(pathos):"……激情关乎逾越(paschein)、痛苦、忍耐、承受、负载,让自己被担负、被规定。"[83]

人工智能不能思,因为它无法具有激情。痛苦和承受痛苦是任何机器都无法达到的状态。重要的是,沉思的无所事事对机器来说十分陌生。机器只知道两种状态——开机和关机,而单纯停用这些功能并不能让机器实现思的状态。

事实上,机器既不行动,也并非无所事事。行动与无所事事的关系就像光和影。影形塑了光,赋予光以轮廓;光和影互为彼此。同样,行动与无所事事也可以被理解为思,甚至思的两种不同状态或模式。思由光与影交织而成。但机器智能既不认识光,也不认识影;它是透明的。

沉思是生产的对立面,它作为一种已经给定的东西而适用于那些不可支配之物。思总在接纳外物。它包含的馈赠维度使它变成了感恩。在作为感恩的思中,意志完全退场:"忍耐的高尚,是意志全然在自身内驻留,是放弃意志并走进那不是意志的东西。高尚或许正是思的本质,因而也是感恩的本质。"[84]

海德格尔的沉思对抗着一种完全的可支配性。可支配性让一切变得可以获取、计算、控制、操纵、统治和消费。事物的可支配性在数字化的过程中达到了一个新高度。数字化从总体上对事物的可生产性进行控制，从而废除了实事性本身。任何不可支配的存在之根基，在数字秩序里都得不到承认。"存在即信息"成为数字秩序的格言。信息使一切存在变得可以被支配。然而当一切都能迅速被支配和消费时，就难以形成深刻而具有沉思性质的专注。人们的目光像猎人的目光一样游移不定。那个能让我们短暂驻留的崇高的对应物已消失不见，一切都被耙平，一切都服从于短期的需求。

在海德格尔的语汇里，"弃绝"（Verzicht）也属于无所事事的范畴，它可以意味着任何东西，却唯独不是放弃或放手。与无所事事的其他表现形式一样，弃绝与存在之域建立了一种建设性的关系，这个存在之域对任何由意志驱使的行动来说都是封闭的。弃绝是对不可支配之物的激情。正是在弃绝中，我们成为馈赠的接受者："弃绝不索取，而是给予。"在弃绝中，作为不可支配之物的存在将自身给出。弃绝也由此变成感恩。[85]

海德格尔甚至在我们通常会与行动、绩效联系在一起的能力中，建立起一个无所事事的维度。他从喜欢和爱的角度思考这种能力："在本质上接纳一个'事物'或一个'人'，意味着爱它，喜欢它。再往前追溯，这种喜欢意味着将本质赠予出来。喜欢是能力的真正本质，这种能力不仅能完成这样或那样的事务，还能让某物在其本源中成其本质，即让它存在。"[86] 能力借由喜欢而解放一个事物或一个人，让他们回归自身的本质。与绝对的人类行动相反，不行动的能力从可能中汲取能量。"可能"（möglich）一词原本就来自"喜欢"（mögen）。可能的就是值得喜欢的。作为喜欢的能力将可能的、值得喜欢的东西留在其本质中，而不是把它们交付于不可能。大地的拯救与这种无所事事的伦理学息息相关："有朽者拯救大地，在此意义上，他们是大地的居住者。莱辛仍然熟悉'拯救'一词的古老含义。拯救不仅仅指摆脱危险，它真正的意涵是让事物释放到其本质中。"[87]

在自然灾害的威胁面前，"环境保护"不过是个差强人意的概念。我们必须彻底改变与自然的关系。地球不是需要我们更加"爱惜"（schonen）的资源；相反，我们必须将爱惜的源初含义内化。海德格尔再次从无所事事和"让存在"的角度对它进行理解："当我们预先将事物留在其本质中时,当我们特意将事物恢复至其本质时,真正的爱惜……才会出现。爱惜是居住的根本特征。"[88] "爱惜"一词是由"美"(schön)而来,爱惜的对象即是美。地球很美,它命令我们爱惜它,并还它以尊严。

毋庸置疑,为了弥补干预自然造成的灾难性后果,人们必须采取果断的行动。但假使即将来临的灾祸的原因,正是人肆无忌惮地利用和攫取自然的绝对行动,那么就必须对人的行动本身进行修正。因此,沉思在行动中所占的比重有待提高,换句话说,人们需要拓展行动的范畴,使它包含沉思。

行动强制、生产强制与绩效强制让人无法呼吸。人窒息于他的"做",只有沉思能让人感到"宽敞而通透"[89]。海德格尔的《黑皮书》中有一段耐人寻味的话:"存在是人呼吸于其中的以太。倘若没有以太,他就会沦为一头牲畜,他的所有行动也都蜕化成饲养牲畜。"[90] 海德格尔在此描述的是一种存在之历史意义上的生物政治。由于缺乏沉思而导致的对存在的遗忘,让我们无法呼吸,也让人堕落为劳动动物(animal laborans)。从这个角度看,无所事事获得了一种政治上的意义。沉思的政治学需要清除那些强制,防止它们把人训练成有利用价值的、劳动的牲畜。

与阿伦特一样,早期的海德格尔也被行动的激情所鼓舞,对沉思的无所事事仍然相当陌生。他虽然发现了人之生存的"被抛状态",但行动的"决断"掩盖了这一被抛状态。即便是恐惧、无聊等原本阻碍行动的情绪,在海德格尔这里也成为对行动的召唤。在所谓的"转向"中,他告别了先前的思考,这也标志着从行动到存在的过渡。

《存在与时间》中的"畏"是一种基本现身情态,因为它让此在(人在本体论上的指称)与"在—世界—之中—存在"发生对峙。与仅仅指涉世界中某些事物的"怕"(Furcht)相反,畏的对象是这样一个世界:"畏之所畏,是'在—世界—之中—存在'本身。内在于世界的存在者……在畏中沉沦。世界无法提供更多东西,与他者的共在(Mitsein)也同样不能。"[91]那个在畏中与此在脱离的世界不是一般意义上的世界,而是我们不经追问就生活在其间的那个亲熟的日常世界。它受"常人"的支配,受"公共解释"带来的顺应性支配:"我们像人一样享受、娱乐,像人一样生活、观看并判断……这个无规定的、涵盖所有人的常人(尽管不是在总量的意义上),规定了日常性的存在方式。"[92]作为"无人"的常人通过让此在脱离强调意义上的行动,从而减轻了此在做决定与承担责任的重负。人为此在提供了一个预先制成的世界,其中一切已被解释和决定。日常状态以及它被所有人不经追问就接受的思想和行动模式,构成了"常人"。日常状态阻止了此在,使它无法成为一个在行动中主动承担自我的"某人"。常人拒绝任何独立的对世界的看法。海德格尔称这种存在方式为"非本真状态"或"沉沦状态"。此在最初且往往非本真地存在,它把自我封闭在本己的能在(Seinkönnen)之可能性以外,直至畏给此在敞开一种可能,使其在非本真状态面前承担起自身的能在(Selbstseinkönnen),即行动。由此看来,海德格尔对畏提出了过高的要求,让它去做它注定被拒绝的事,因为畏恰恰意味着不可能采取行动。相反,海德格尔把畏理解为一种完完全全的可能性,能够抓住本真(eigenst)的自我并决定行动。

在海德格尔这里,无聊也不是一只孵化经验之蛋的梦之鸟,而是被解释为对行动的召唤。在无聊中,如同在畏中,世界即存在者整体脱离了此在。此在陷入瘫软无力的空虚。一切"做与让(Tun und Lassen)的可能"都被拒绝。

但海德格尔从拒绝（Versagen）中听出一种道说（Sagen）："那从整体上拒绝自我的存在者，在自我拒绝中道说了什么？……正是它的（此在的）做与让的可能性。"[93] 拒绝同时也是"宣布空闲的可能性"，人必须以英雄般的决断抓住这些可能性。无聊中发出一种要求人们下决心"此地此刻行动起来"的迫切召唤。成为"本真自我"也就是成为"某人"的决断，正是这样的"瞬间"[94]。

《存在与时间》中充满对自我和行动的强调。死亡甚至也在自身的能在中得以理解。从作为"最极端的自弃之可能性"的死亡中，那个放大的"我在"苏醒了。死亡作为"我的"死亡，与对自我的强调并行。死亡带来自我的萎缩。海德格尔没有接纳死亡的经验，而恰恰是这样的经验让"我"对自我的束缚松动。这一死亡的形式表明：在死亡面前，我给自我以死亡，而不是牢牢抓住我的自我（Ego）。这样的死亡解放了我，让我得以走向他者。一种泰然任之，一种对世界的友善在死亡面前苏醒了。[95]

对自我的强调与对行动的决断相辅相成，它是一种行动的形式。无所事事中无法形成一个被决断的自我。无所事事的大师不会说出"我"。《存在与时间》没有为无所事事留出空间。世界始终是一个绩效世界,物则是工具,一切受制于"为了"。操心是人之存在的基本构造。日常之外无节日。操心在庆典与游戏中彻底扬弃了自身,而这样的庆典与游戏在《存在与时间》中完全缺席。

《存在与时间》问世几年后,海德格尔完成了从行动到存在的过渡。行动的激情让位于对存在的惊叹:"……庆典作为对工作的停顿,同时已经是对自我的停顿,是专注、疑问、沉思与期待,是走进对奇迹更清醒的预知。这个奇迹便是,我们周遭的确存在一个世界;存在者,而不是无,存在着;物存在,而我们自身在物中存在。"[96]那统摄《存在与时间》的对自我的强调以及对行动的决断,变得沉寂无声。畏与无聊不再与行动的召唤相联系,而是启示了存在。在这一点上,它们类似爱:"深刻的无聊……将物、人与自我纷纷汇聚到一种奇特的等而视之(Gleichgültigkeit)中。这样的无聊启示了存在者整体。启示的另一可能性蕴含着对此在之临在的喜悦。此在是一个所爱之人的此在,而不单纯是一个人格的此在。"[97]

"转向"后的海德格尔认识到,只有节日和游戏等无所事事的活动,才能为人的存在带来光辉。他发现了节日般的东西。他不再谈论操心或畏。灰色的日常世界让位于节日的光辉："光辉属于庆典。然而事实上之所以有光辉，根本原因是本质在发光、闪耀。只要本质散发光辉，那么与物和人相关的一切都会走进本质散发的光辉，这反过来又要求人拥有饰物，要求人进行装饰。……游戏和舞蹈同属于庆典的光辉。"[98] 游戏和舞蹈彻底摆脱了目的。即使饰物也不装饰任何东西，它不是工具。从目的中得以解放的物，本身就带有节日的气息。它们不发挥任何功用，而是发光发亮。一种沉思的安宁从物的身上发散出来，使驻留成为可能。

节日是人类存在的光辉形式。做出行动决断的此在，其生存论上全部的痉挛（Spastik）都在节日中消散。节日让人的存在摆脱了目标和行动的狭隘空间，也摆脱了目的与用途的藩篱。在节日气氛浓厚的地方，操心的痉挛期，即来自自我的生存论上的紧张解除了。对自我的强调让位于泰然任之和放浪形骸。沉思的驻留消融了行动的激情。

在海德格尔身上，人们能发现一些思想的蛛丝马迹，它们最终凝聚成无所事事的伦理学。这种伦理学既适用于人与人的关系，也适用于人与自然的关系。海德格尔在逝世前不久曾写下一篇短文《忆马赛尔·马修》（*Andenken an*

Marcelle Mathieu），主要记述他在普罗旺斯的已故女主人的热情好客。作者开篇即赞颂她家乡的壮丽风景，似乎好客之情直接来自她与风景间的密切关系。他突出了这位女主人面对风景时流露的"怯"（Scheu）："当坎普家的女主人邀请朋友们登上赫班克山，眺望多姿多彩的风景时，她的怯才会由隐而变显。"[99] 壮美的风景让她充盈着"奇妙的怯"，促使她克制自我，放下戒备并将自己放空。她在风景面前流露的怯延伸到人际关系中，就表现为好客。

壮美的风景是一个崇高的对象，它将观察者置于对不可支配之物的敬畏中，也就是海德格尔所说的"面对不可制造之物时迟疑不决的怯"[100]。被怯抓住的人，将自身交付给了"自我的他者"。一种特别的关注，一种对他者友善的接纳在怯中被唤醒。它教会我们聆听。怯让女主人成为一个专注的聆听者："在朋友们的谈话中，她仍然是一位安静而专注的聆听者，只关心朋友们是否感到惬意。她既不是主人也不是仆人，而是超越了两者的层面，内敛而矜持地顺从于那不可言说者。在独自走过故乡大地的许多次长途跋涉中，她或许早已与之进行过无声的对话。"[101] 海德格尔在此将聆听的能力追溯到"不可言说者"的权能，这权能在壮美的风景中宣告了自身的存在。海德格尔的女主人让自身被不可言说者"决定",从而在聆听中忘掉了自身。"不可言说者"是大地的语言,它避开了人的意志。大地的救赎就取决于我们是否能够聆听它的声音。

在《乡间路上的谈话》(*Feldweg-Gespräche*)中,海德格尔对客人做了如下评价:"他能聆听,而且听得十分投入。他那天生的手势与态度,让我觉得他就是'客人'一词的全部意涵。"[102] 面对壮美的风景,海德格尔的女主人以客人的身份来体验自身。她是大地和天空之间的客人,她"既不是主人也不是仆人"。作为客人,她通过聆听来服从那"不可言说者"。她的怯使倾听变得更加敏锐。

关于"怯"的伦理学,海德格尔讲了这位女主人的一则趣事:"那么,关于怯呢?在弗莱堡,她为我们留下了宝贵的相关痕迹:在一次事先约好的来访中,她站在我们家门口,却没敢按门铃,转身离开了。比起已说出的、已实现的事,有时未完成的事更有力量。"[103] 海德格尔或许也可以说:比起已做的、已完成的事,不做更有力量。怯的伦理学即无所事事的伦理学。

绝对的存在之缺失
Der absolute Seinsmangel

当前的危机在于,一切能够赋予生命以意义和方向的东西都在断裂。生命不再由那些具有持守力量或可持守的东西负载。里尔克《杜伊诺哀歌》(*Duineser Elegien*)中的诗句"无处停留",最恰切地表达了当前的危机。生命从来没有像今天这样短暂,易逝,易朽。

汉娜·阿伦特曾说,"永久"(Unvergänglichkeit)已经"从人类周围的世界中消失,正如它从世界周围的自然中消失"。与此同时,她在"人心灵的黑暗中,为夜找到一个暂时的容身之处",它仍然有能力"回忆,并且说:永久"。最易逝的存在,即有朽的人,已经成为"永久最后的庇护所"。阿伦特引用了里尔克的一句诗:"山休憩了,被繁星笼罩;/ 但,时间也闪烁其中。/ 我狂野的心中沉睡着 / 无处为家的永久。"[104] 阿伦特引用的这句诗，事实上是在感叹存在一刻不停地消退。诗的第一节写道："消磨时间！一个美妙的词汇。/ 持守时间，会是一个问题！/ 因为谁不害怕：/ 哪里有停留，哪里终将有存在？"

今天，人的心已无法为永久提供一处栖身之地。如果心是记忆和回忆的器官，那么在数字时代，我们完全没有了心。我们储存了大量的数据和信息，却不再追求记忆。我们背离了任何形式的永远，发誓断绝那些耗费时间的行动，比如忠诚、责任、许诺、信任和义务，而让暂时、短期与无常主导生命。

时间本身也逐渐遭到瓦解，仅剩一连串点状的现时。它变成了加法。没有任何叙事使它成为一个图像（Gebilde），让它停下脚步。时间架构遭到侵蚀。仪式和节日正是这样的时间架构，它们在飞逝的时间里加入支架和关节，让它变得稳固。今天，人们正在逐步拆除这些支架和关节，因为它们阻碍了信息和资本的加速循环。

世界的数字化和信息化导致了时间的碎片化，并彻底让生活变得转瞬即逝。存在具有时间维度，它漫长而缓慢地延伸。今天的短暂性则拆解了存在。存在只会凝结在驻留中。

人不可能在信息身边驻留,因为信息代表了存在绝对的萎缩阶段。卢曼曾对信息做过如下评论:"信息的宇宙论不是存在的宇宙论,而是偶然性的宇宙论。"[105] 存在崩解为信息。我们的注意力只会在信息上稍作停留。之后,信息就会像录音电话上的留言一样归零。信息的实效范围极为狭窄。它们激起人的惊奇,又让人在信息流中应接不暇。

人是一种叙事动物(animal narrans)。然而,我们的生活并不是由那种能带给我们意义与方向的叙事决定。这样的叙事能够起到联结的作用,并且具有约束力。我们接触的信息非常丰富,但由于缺乏叙事,我们迷失了方向。如果像尼采所言,人的幸福取决于有一个"不容讨论的真理"[106],那么我们的确没有幸福。真理是一种叙事,信息则是一种加法,因而无法凝结成叙事。信息加强了数字的偶然性风暴,也加剧了存在的缺失。没有什么能保证自身具有约束力和持久性。增加的偶然性破坏了生活的稳定性。

今天的世界极度缺乏象征物。象征物可以建立稳定的时间轴。象征式的感知是重新认出事物的方式,可以看到事物长久的存在。重复使得存在具有了深度。象征式的感知不再受制于偶然性。在这一点上,它有别于序列式的感知,后者只能发现一个接一个的信息点，因而数据和信息没有象征力。

象征物直接作用于人的感知，在前反思、情感与审美层面上影响着我们的行动与思考。象征制造了共有之物，使得一个社群中有可能产生"我们"，产生凝聚力。只有通过象征和审美，才能形成共感（Zusammenfühlen）、同情（Sym-Pathos）与合情（Ko-Passion）。相反，在没有象征物的地方，共同体碎裂成冷漠的个体，因为不再有任何起联结作用或有约束力的东西。由于失去象征物而导致的同感丧失，加剧了存在的缺失。共同体是一个由象征物联系起来的整体。象征—叙事的空洞会带来社会的分裂与侵蚀。

柏拉图的《会饮篇》（Gastmahl）让我们了解到象征的真正含义。阿里斯托芬在这篇对话中讲到，人最初是球形的生命。由于人变得越来越强大、高傲，诸神就把他们劈成两半。自此以后，两半中的每一半都在追求与另一半的结合。被劈成两半的人在希腊语中被称为"符木"（symbolon，象征）。作为符木的人渴望得到一个幸福的、有治愈力的整体。这种渴望就是爱。有待合二为一的整体治愈了伤口，消除了存在的缺失，这样的缺失源于最初的断裂："象征……理解象征物意味着，这个个别的、特殊的东西像存在的碎片一样呈现出来，与它匹配的另一半要与它结合，以达到治愈和形成整体的目的；或者意味着，这个能形成整体的、一直被追寻的碎片，是我们生命片段的另一个片段。"[107] 象征物是对存在之丰盈、对治愈的承诺。离开象征式的秩序，我们只能以碎片和片段的形式存在。

今天，我们把最大的力气花在了延长生命上。然而事实上，生命已崩解成生存。我们为了生存而生活。无论对健康的歇斯底里，还是对优化的狂热追求，都反映出存在的普遍缺失。我们试图通过延长赤裸的生命来弥补存在的缺失，但却在这个过程中丧失了对有深度的生命的全部感觉。我们把生命与更多的生产、更多的绩效和更多的消费混为一谈，而这些不过是生存的形式。

经济活动越来越多地造成人与人的隔离，这也导致了存在的缺失。孤立和孤独带来存在的缺失，因为存在是"共在"。新自由主义的绩效社会中不存在"我们"。新自由主义制度通过将人孤立起来，并使人经受残酷的竞争来提高生产力。它把生命变成求生存的斗争，变成狂暴的竞争营造的地狱。成功、成就和竞争都是生存的形式。

数字化也拆解了作为共在的存在。被网络化并不等同于被联结。恰恰是这种毫无边界的连通（Konnektivität）削弱了联结。密切的关系要以他者的存在为前提，而他者是不可支配的。然而，在数字网络的推动下，我们把"他者"，即"你"，变成了一个可用的"它"，由此带来一种源始的孤独感。一个能满足我们需求的、可消费的对象，并不允许有密切的关系。因此，尽管网络化和连通性不断增强，我们却比以往任何时候都更孤独。

当我们用爱欲的（libidinös）能量占据一个客体时，就会产生一种密切的联系。但心理能量的回流致使它们不是流向他者，而是流回自我。这种心理上的回流，也就是未被占据的爱欲的拥堵，造成我们的恐惧。恐惧源于缺少与对象的联系。"我"被抛向自我，围绕自我旋转，没有世界。缺席的爱欲加剧了存在的缺失，而爱欲足以战胜恐惧和抑郁。

存在的缺失触发了生产的过剩。今天的过度活动和过度交流，都可以被解读为人们对普遍的存在之缺失所做的反应。物质的增长成为抵消存在之缺失的方式，于是我们通过生产来对抗缺失感。生产或许位于存在的零点。资本就是生存的形式。资本主义由这样一种幻觉滋养：更多的资本创造更多的生命，带来更多的生命能力。然而，这样的生命是赤裸的生命，是生存。

匮乏感是行动的驱动力。果决地行动的人不会去观照（schauen），而像浮士德那样感叹"请等一等，你如此美！"的人，并不行动。在直观中，人得以抵达作为美的存在之丰盈。人们已全然忘记，至高的幸福归功于直观。无论在古代还是中世纪，人都是在沉思的直观中寻觅幸福。古希腊诗人米南德（Menander）写道：

> 我称他为最幸福者，帕尔梅农，
> 那没有经历过痛苦，
> 就能观照世上荣光的人……
> 为所有人照耀的太阳，星辰，
> 大海，浮云，火的光芒：
> 若你寿数达百年，你会不断看到这一切；
> 若你的生命仅有寥寥数年，
> 则你无法看到比这更高的存在。[108]

当被问及为什么来到这世上时，古希腊哲学家阿那克萨戈拉回答："为了静观（Schauen, *eis theorian*）。"[109] 出生时，我们从没有客体的黑暗中被释放出来，进入光明的世界。新生的人之子睁开眼睛不是为了行动，而是为了静观。不是对新事物的激情，而是对现存事物的惊奇，确立了生而为人的意义。出生意味着看到世界的光。对荷马来说，生命与"静观太阳的光"一致。[110]

行动的生活固然有其正当性与合理性，但在托马斯·阿奎纳看来，它的最终目的是服务于沉思生活的幸福："行动的生活是为沉思的生活所做的安排。"[111] 沉思的生活是"整个人类生命的目的"[112]，沉思的静观则是"对我们全部追求的回报"[113]。作为行动的成果，一件作品只有在它呈现给直观时，才算真正得以完成。

托马斯·阿奎那在《尼各马可伦理学》（*Nikomachische Ethik*）的评注中给政治下了一个独特的定义。他提出一种无所事事的政治，这种对政治的理解方式与阿伦特的政治观截然相反。如果政治没有向非政治敞开自我，那么它终将是一场空。托马斯·阿奎那所理解的政治，其最终目的在于不作为，在于直观："政治生活在整体上所指向的似乎就是直观的幸福，也即和平。和平在政治生活所设立的目标上得以建立和维系,它能够让人全身心投入对真理的沉思中。"[114]

面对完满的存在,人只能去直观,去赞美。因此,在神圣的安息日来临时,奥古斯丁的《上帝之城》(*De civitate Dei*)融进了赞美诗的语言。安息日向世人许诺了"无目的的"上帝之国。但人在永恒的天国里做些什么呢?"我们将在永恒中得享清闲",奥古斯丁欢呼道,"看,看","爱,爱",并且"赞美"。"这就是,"奥古斯丁继续道,"有一天在那无目的之目的中会成为的人。"[115] 看与爱在奥古斯丁这里融为一体。"爱所在之处,眼睛才会打开。"[116] 看与赞美是无所事事的形式,它们不追求任何目的,也不生产任何东西。只有存在的缺失才会驱动生产的机器。

赞美是语言的最终目的。它赋予语言以节日的光辉,扬弃了所有存在的缺失,歌唱并唤起存在的丰盈。里尔克曾在一首诗中将赞美升华为诗人的任务:"哦,说吧,诗人,你做什么?——我赞美。"[117] 在诗人的赞美中,语言达到了节日般的、沉思的安宁。赞美是语言的安息日。在赞美中,有朽的人心中闪耀的"有限存在"发声了:"赞美,就是它!一个命定去赞美的人,/像矿藏从石头中走出,/沉默。他的心是易朽的榨汁器，/ 而葡萄酒对凡人是无尽的。/ 当神性的榜样抓住了他，/ 他在尘埃中发出的声音就从未间断。一切都变成了葡萄园，一切都变成了葡萄，/ 在他感性的南方成熟。"[118]

里尔克将赞美与广告区分开来："不再是广告，不是广告，那被抛弃的声音。"[119] 广告中有一种固有的缺陷，一种属于纯粹生命的缺陷，也是以操心为本质特征的"烦忧动物"（kümmernden Tier）[120] 固有的缺陷。赞美则摆脱了所有的追求与操心，它的节日性也正体现在这里。存在缺失之处，赞美也无立足之地，只剩嘈杂的广告声。今天的交际从整体上看是纯粹的广告，是一种生存形式，它的燃点就是存在的零点。

节日的时间属于更专注的静观。"节日感"[121] 则是程度更深的存在感。节日创造了意义与方向，从而照亮了世界："节日打开了日常的此在之意义，开启了人周围的物之本质，以及人的本质中蕴含的力量。节日作为属人的世界里的真实……意味着在有节奏地循环往复的时间段里，人能够安闲沉思，直接与更高的真实邂逅。人的整个存在都依托于这个更高的真实。"[122] 节日的时间永不消逝，我们走进它，就像走进一个装饰隆重的房间。它是珍贵的时间（Hoch-Zeit，意为"婚礼"）。节日带来恒久（Zeitlosigkeit），所有存在的缺失在恒久中都得到了清偿。

工作将人与人隔离开来，使人变得孤立。工作和绩效的绝对化拆解了作为"共在"的存在。节日则创造出一个共同体，聚集着人，联结着人。节日感在任何时候都是一种共同体的感觉，一种"我们"的感觉。伽达默尔将节日理解为共同体的基础："节日是共性（Gemeinsamkeit），也是共性本身最完美的表现形式。"[123]

当直观还是人与世界相处的基本方式时，人与完美无缺的神性存在之间仍有联系。希腊语的 theoria（静观）最初指的就是去远方出席诸神节日的使团。theoria 意为对神性的静观，theorós 是参加节日的使团，theoroi 是众神的观众。节日般专注的静观，让观众变成参加诸神节日的使团："当埃斯库罗斯不用 theatés 而用 theorós 指代观众时，他指的是一场更大的、无上庄重的静观。"[124] 哲学家关心神的知识，在这个意义上，他们也是众神的观众。亚历山大时代的学者哈波克拉底（Harpokration）这样描述众神的观众："被称为 theoroi 的不仅有众神的观众，还有被派往众神那里的人，更有那些持守神的秘密或为神的事物操心的人。"[125]亚里士多德将静观的生活（bíos theoretikós）提升到神性活动的高度，并在沉思的生活中找到完满的至福时，他思考的视域中无疑出现了 theoria 一词。它描述了人对神迷醉的静观："亚里士多德最终没有把哲学家的直观等同于任意的静观，而是把它类比于对奥林匹亚众神的直观，或者对狄奥尼索斯节日的静观，因为'众神的观众'确实是被派遣到众神那里的。亚里士多德在此发现了与偶像崇拜无关的神性。"[126]

人之所以能进行静观的生活，是因为他"身上带有神性"。亚里士多德明确强调，众神不行动："我们认为，众神拥有最大的幸运与福乐。但什么样的行动可以归于神的名下呢？或许是公义？但如果让神订立合同或退还保证金，诸如此类的事情岂不可笑？或许是勇气？比如他们不得不直面恐惧，接受危险的考验，仅仅因为它是一种壮举？又或许是慷慨？但众神应该向谁赠予呢？如果他们必须给人财物或类似的东西，那简直有些荒谬。然而节制对于众神又有何意义呢？'没有不良的欲望'这类描述对众神来说无异于一种粗俗的赞美。因此，我们可以任取所需。所有属于德性实践的东西，在众神面前必然显得渺小而毫无尊严。然而，人们却认为众神在生活，也就是在行动。没有人想到，他们像恩底弥翁（Endymion）那样沉入睡眠。但假使我们从活着的人那里拿走行动，尤其拿走睡眠，那么除了静观，人还剩下些什么？"[127] 神的活动，也就是"有至高福乐"的活动，即静观的活动。与政治的生活（*bíos politikós*）相反，静观的生活不行动，也就是说，它的目的不在自身之外。在这个意义上，静观的生活是无所事事，是沉思的安宁，是悠闲（*scholé*）。生命在无所事事的悠闲中指向自身，不再与自身疏离。亚里士多德因而将静观的生活与自足联系在一起："即使是被称为'自足'的东西，也往往是在静观中寻得。"[128] 只有沉思的生活才能承诺神圣的自足与完满的至福。

在行动完全让位于静观，让位于无所事事的安息日那一刻，历史得以完成。哲学家乔治·桑塔亚那（George Santayana）看到一个人在艺术作品前全神贯注的样子后，果断做出这样的哲学假设："如果说人所有的追求以及整个历史有一个目的，那么这个目的就是在静观中获得圆满。"[129]

行动的激情

Das Pathos des Handelns

犹太教信仰中有两个神圣的概念：上帝与安息日。上帝即安息日。对一位虔诚的犹太教徒来说，"渴望安息日"[130]是生命的全部。安息日即救赎。在安息日里，人变得不朽，时间的流逝也被取消。安息日是"时间的宫殿"[131]，将人们从短暂的世界救赎到来临的世界（kommende Welt, *Olam Haba*）。休息（Ruhe, *Menucha*）与来临的世界同义。安息日的深层意义在于，历史在此被扬弃，进入让人感到幸福的无所事事中。

人的创造不是创世的最后一步，安息日的休息才真正完成了创世。拉比拉什（Raschi）因而在《创世记》的注释中写道："世界现在缺少什么？休息。休息随安息日而来，上帝也以休息完成了他造物的工。"[132] 安息日的休息并不是单纯地尾随着创世的工作而已；毋宁说，它为创世画上了句点。六天所创造的世界好比一间洞房，但洞房里没有新娘。新娘只在安息日来临。[133] 安息的节日是一个崇高的时间，一个静止的时间。安息日不是创世活动之后的休息日，好让上帝从辛苦的创世劳作中得以休整；相反，休息才是创世的本质内核。唯有安息日能够为造物的活动举行神圣的祝圣。神圣的是休息，是无所事事。倘若没有休息，人就失去了神性。

在《革命与自由》（"Revolution und Freiheit"）一文中，汉娜·阿伦特引用了她非常推崇的约翰·亚当斯的一句话。这句话明白无误地表述了她的思想态度："我们是在行动而不是在休息中得到满足。"[134] 尽管阿伦特是一位犹太裔思想家，但她的思想中不带有任何属于安息日的维度。激发其思想的是自由与行动。按照阿伦特的观点，创世并不是终结于安息日，而是终结于创造了人的自由。神圣的不是安息日，而是自由这一新开端的原则："在世界被创造之时，新开端的原则仍然在上帝手中，也就是在世界之外。随着人的创造，这个原则出现在世界之内，并且只要有人存在，它就会一直内在于世界。当然，她最终要表达的不过是，人之作为

'某人'的创造，与自由的创造重合一致。"[135] 在阿伦特看来，创世之前"不是无（Nichts），而是无人（Niemand）"。只要行动，也就是把新事物带到世界中，人就是"某人"。

阿伦特还祛除了古希腊世界中的沉思维度。众所周知，古希腊城邦由三个空间构成：家宅（Oikos）、公共空间（Agora）和神域（Temenos）。阿伦特丝毫不重视作为宗教沉思之地的神域，而是将政治领域扩展到整个城邦。她把需求（Not）与必然性（Notwendigkeit）全部放置在生命之内，从而将政治领域与家宅，也就是与房屋、家政和家庭对立起来。人只有离开房屋而走进政治空间时才获得自由。古希腊城邦被阿伦特理想化了，成为一个政治的乌托邦，一个高贵的自由领域。它是"某人"的舞台。一种成为"最好的人"、成就非凡之事的激情鼓舞着某人，让他努力追求名声与认可，甚至追求不朽："城邦的任务在于定期提供机遇，人们通过这些机遇可以获得'不朽的名声'；或者创造一些机会，让每个人都能充分展现自我，用一言一行彰显自我独一无二的特质。"[136] 阿伦特对城邦的理解基于一种对救赎的需求。城邦必须确保"有朽者的所有活动中最短暂者，也就是行动，能达到'永恒'"。城邦是一座"永不谢幕的舞台"，"只有登台，没有退场"。唯有政治行动让人不朽。对不朽名声的追求，是历史的动因。

阿伦特认为，现实只能由一个"某人"来为自身争取，他现身于公众面前，并展示其独特性。那些不行动的人仅仅拥有动物般的"生命感"。政治舞台之外的生命，是动物般的生命，它缺乏"真理感"："以人性的、政治的方式来讲，真理与显现是一回事。"[137] 生命与行动完全融为一体。阿伦特对生命的认识没有为沉思的生活（das kontemplative Leben）保留一席之地。沉思的生活不需要舞台，也不需要显现；它可以是一切，却唯独不是动物般的生活。然而那完全依赖于行动，也就是依赖于活动（Wirken）和结果（Bewirken）的"真理感"，彻底驱除了"存在感"。人们在其中体验更高真理的节日感，对阿伦特来说是全然陌生的。

阿伦特将神域摒除在古希腊的城邦之外。神域是从公共空间中划出的一个神圣空间，为神灵而保留，它是一个peribolos（字面意思是"围篱"或"环绕"），也就是一个被隔离出来的空间，一个由墙体包围、划界的神殿区。神域即神庙（templum），它是一个祝圣的圣所、一座庙宇、一个沉思的静观之地。"沉思"（Kontemplation）一词源于"神庙"。倘若借用哲学术语来表达，神域就是永恒理念的国度："理念栖居在这分割出的空间里，它们没有空间，也没有时间。人用静观的目光去看时，就能觉察到它们的存在。"[138]

神域高悬于城邦之上，为城邦加冕。因此，神域通常坐落在山上。假设没有雅典卫城（字面意思为"高处之城"或"高丘之城"），古希腊的城邦是不可想象的。卫城服务于神性："这个空间里适用的规则与外面不同。这里发生的事情在神的面前得到了强调，这里的东西现在是、今后也将是神的财产。"[139] 雅典卫城恰恰不是某人的舞台。行动的激情也不是对待神域的恰当方式。在敬神的活动中，人们终究融合成一个集体的身体，这里容纳不了任何"某人"的个体性。在神域中显现并持有话语权的，唯有众神。

海德格尔在他的希腊之行中写到城邦时，眼前映现出卫城："……这个城邦尚且不知主观性是一切客观性的尺度。它服从于诸神的要求，而诸神又臣服于命运，即莫伊拉（Moira）。"[140] 阿伦特重新发明了城邦的概念，她视城邦为某人的舞台，即自由和行动的舞台。古希腊城邦中敬神的层面因而彻底消退了。阿伦特的城邦里没有众神。她的思想完全由行动的激情决定，没有节日、仪式和游戏的位置。

阿伦特将希腊的政体理想化为"有史以来""最个性化"、"最不墨守成规的政治体"[141]，然而，在这个神圣的政治空间里究竟发生了什么，仍然是个谜。城邦作为政治的乌托邦，其内涵在阿伦特这里并未得到较为明确的界定。因此，阿伦特的弟子朱迪丝·N.施克莱（Judith N. Shklar）指出："城邦与阿伦特本人的政治梦想紧密相连。然而与亚里士多德不同，阿伦特从未清楚地讲明这个被赐福的'公共空间'里发生的事件。事实上，我们了解贫富之间存在的激烈争斗，也因此了解谁会以何种方式发动与其他城邦的下一场战争。"[142] 城邦从未摆脱过"社会问题"。阿伦特曾轻蔑地把这些问题驱赶到"必然性"也即纯粹生命的领域。柏拉图的《申辩篇》（*Apologie*）也撼动了阿伦特笔下理想的城邦形象。在《申辩篇》中，苏格拉底批评了城邦中盛行的从众心理："告诉你们吧，雅典人，如果我很久以前就处理城邦事务（*politiká prágmata*），我早就没命了。……请不要因为我讲了真话而感到恼火。因为勇敢地站出来反对你们或其他民众，并试图阻止城邦做不公正或违法之事的人，无法保全自己。"[143] 在城邦里，自由的讲演和讲真话是危险的事。任何出于高尚的动机说出真相并因此与民众的意志相抵触的人，都必须冒着被杀的风险。

阿伦特从政治的乌托邦中汲取思想养分。在她看来，人的自由栖居在政治中，政治是一道救赎之光，打破了"造物的黑暗"，也就是纯粹生命的黯淡，让黯淡升华成"人性之光"。对阿伦特来说，存在是属于造物的，行动则是人性的。阿伦特赋予政治以本体论甚至救赎论的尊严。她将城邦誉为"一个围筑起来的、充满自由行动与生动话语的空间"，这个空间让人的生命"散发光辉"[144]。

城邦是一个"围筑起来的"自由空间。"围筑起来的"一词是译成德文时由阿伦特添加的，英文译文中并未出现。作为公共空间的 agora（广场）原本就处于开放状态，围筑起来的只有神域。阿伦特下意识地将希腊城邦当作了自由的神域。"围筑"很大程度上透露出阿伦特政治图景的结构：她为城邦筑起高墙，保护城邦不受外力侵扰，而正是这些外力让人陷入造物的纯粹生命，陷入必然性的领域。只有行动的自由这一政治的本质内核，才能将人和那些仅仅"像动物一样活着，像动物一样死去"的生命体区别开来。摆脱了"生物学意义上生命过程的束缚"[145],人们才能进入自由的国度。只有行动的自由能够把人从纯粹生命的需求与必然性中解救出来。它标志着第二次诞生的时刻,使人超越了其他造物的地位:"我们以讲话和行动的方式迈进人的世界。这个世界在我们出生前就已存在。迈进的过程就像是第二次诞生。"[146]

阿伦特的政治乌托邦在其对革命的思考中得到了最好的表达。按照阿伦特的观点,革命是人类自由的最高体现形式,它与"自由"这一新开端是同义词:"革命再次把'在—自由中—行动'的经验……有能力开始新事物的经验,推上人类经验的前台。只有充满新开端的激情,并且这种激情与自由的观念相连时,我们才有权利谈论革命。"[147]阿伦特将其政治的乌托邦投射到革命上。在她看来,革命的目标不是从需求、苦难、饥饿、贫穷、不公和压迫中解放出来,而是建立自由。即使将不可剥夺的公民权利扩大到全人类,也并不具有革命性,而是仅仅意味着一种消极的自由,一种摆脱不合理压制的自由。真正具有革命性的只有自由的建立。自由为所有人提供了进入公共空间的路径。解放仅仅是"自由"这一政治生活形式的必要条件,但解放作为一种消极的自由，并不必然带来参与公共生活的自由。

阿伦特以崇高的自由理念，确切地说是自由的弥赛亚主义，将所有社会问题甚至社会本身驱逐到了必然性的领域。政治与社会完全脱节。社会代表纯粹的生命，它阻止人进入自由的领域。阿伦特认为法国大革命失败的根源正是社会问题：大众的苦难成为"自由的阻碍"。他们迫切的需求以及从这种需求中挣脱出来的努力，不利于自由理念的实现。沦陷在纯粹生命中的民众丧失了政治。社会的需求与民众的苦难一同登上政治舞台，扼杀了自由理念的萌芽："如果所有参与革命的人都被民众的苦难感动，突然就这一点达成一致：革命的目标必须是人民的幸福与福祉，那么一个足够开明的专制政府或许比一个共和国更适合于此。"[148] 幸福不是政治的任务，它与苦难都属于必然性的领域。

阿伦特对法国大革命的解释终究是非政治的。在绝望的民众涌上巴黎街头、公开露面的时刻，他们就登上了政治的舞台。真正的政治性，意味着让自身摆脱不可见状态。这种不可见状态是统治者对被统治者的判决。充满悖论的是，阿伦特之所以对法国大革命做出非政治的阐述，是由于她对政治持有乌托邦式的构想。登上政治舞台的既不是大众，也不是人民，而是一个"某人"。他在舞台上独放异彩，追求不朽的声名，而民众则无可救药地沦陷在纯粹的生命中。

在阿伦特行动理念的观照下，美国革命以一种积极的姿态登场。她认为美国的革命者十分幸运，因为他们没有遭遇自由的障碍，即社会的障碍；革命者成功的根源是"奴隶的不可见状态"[149]，也就是他们一直处于不可见状态这一事实。文人们（*hommes de lettres*）因而能够持守自身立场，不被黑人的苦难所影响，最终实现自由的理念。对阿伦特来说，解放奴隶并不是一种政治行动，因为奴隶"与其说是被政治压迫所束缚，不如说是被生命最简单的基本需求所束缚"[150]——这种观点在今天看来颇为愤世嫉俗。阿伦特忽略了法国大革命取得的成就，比如废除贵族等级、废除农奴制等，而这些或许才是真正的政治行动，也是法国大革命相较于美国革命意义更为重大的地方。

对阿伦特来说，社会问题不属于政治这一高贵的自由领域，让社会问题淹没公共舆论是在散播瘟疫。[151] 社会仅仅与纯粹的、属于造物的生命相关，政治必须与社会保持距离。阿伦特尤其提醒人们注意："在古代的政治思想中，一切经济活动都与纯粹生命所必需的东西相联系，因而与必然性相联系。这种思想并非没有道理，即经济活动，无论是家庭预算还是国家预算……都不应在城邦这一政治领域中扮演角色。"[152]

政治的救赎之光照耀在社会和经济上。在列宁对十月革命"电气化加苏维埃"的定义中，阿伦特看到一种"完全非马克思主义的、经济与政治的分离"，即"技术进步作为俄国社会问题的解决方案，议会制作为新的国家形式"。从一位马克思主义者口中听到"贫穷的困境不能通过生产资料的社会化和社会主义来解决，而要通过工业化来解决"[153]，令人非常惊讶。社会需求和贫穷属于技术范畴而非政治范畴。阿伦特忽视了这样一个事实：正是18、19世纪的工业资本主义极度加剧了欧洲的贫困和苦难。如果任由工业化自行发展而不受政治的控制，就会走向恐怖。

阿伦特一再质疑贫穷和政治之间的联系。在她看来，重要的是"不能忽视这一点：贫困无法通过政治手段来战胜"[154]。贫困仅具有技术性质。"没有什么比试图通过政治手段将人类从贫困中解救出来更加过时和多余，遑论这种做法的徒劳和危险性。"[155]今天"人们有理由期待，随着自然科学和技术的进一步发展，在不远的将来，人们有可能立足于技术和自然科学,在政治考量的框架外处理经济事务"[156]。任何想凭借政治手段解决社会问题的尝试,都以恐怖告终。

或许阿伦特只有告别了她关于政治的崇高理念,才能认识到奴隶制、饥饿和苦难主要由政治和经济原因造成,社会问题也往往带有政治性质;今天那些被剥削或忍饥挨饿的人,则是在全球资本主义主导的体系中忍受结构性暴力的受害者。让·齐格勒(Jean Ziegler)言简意赅地点明:"一个死于饥饿的孩子,是被谋杀的。"[157]饥饿和苦难勾勒出一种全球范围内的统治关系,它具有杀人的暴力。阿伦特的政治乌托邦对贯穿于经济空间的权力关系和统治关系视而不见。政治空间作为"某人"的"舞台",被证明是一个非政治的构造。

阿伦特一再试图将政治空间与经济和社会空间隔离开来,这一点源于她在自由问题上的弥赛亚主义思想,以及救赎的需要:在纯粹生命的需要与必然性之上,建立起一个自由的空间。她一再提及那"将一次次地救赎人类"[158]的"奇迹"。阿伦特将她弥赛亚式的希望建立在耶稣的诞生上:"也许没有什么能比圣诞清唱剧中的'福音'——'一个孩子为我们而降生了',更简洁优美地传达出人们可以对世界怀有信任与希望。"[159]

对新事物和新开端的激情在阿伦特这里被理想化了,成为自由的光辉典范。它们并非来自古希腊城邦,而是源于现代精神。对绝对新事物的强调首先掌控了现代科学,也为法国大革命奠定了思想基础。阿伦特本人认为新事物发端于现代:"这种把新事物当成新事物的奇特激情似乎在200年后,才从相对封闭的科学和哲学玄想中渗透到政治领域。……及至18世纪及其革命的过程中,人们才意识到,绝对的新事物也可以存在于政治领域,也可以被交到行动者的手中。"[160]

克尔凯郭尔贬低新事物而褒扬"重复",正是一种对现代精神的反叛姿态。按照克尔凯郭尔的说法,"让人感到厌倦的从来不是旧事物,而是新事物"。旧事物是"每日的口粮,用祝福让人饱足"[161]。每日的口粮没有刺激性。只有无刺激的东西才得以重复出现,重复在无刺激性的事物中增加了强度,旧事物方能重复。

对待新事物的现代式激情已将存在消解为过程。在新事物的条件下不可能有沉思的生活。沉思是一种重复。行动的激情则与新的开端紧密相连,给世界带来诸多不安。阿伦特将行动理解为一个开放的过程,它不知该在哪个目标停下脚步。行动不是简单地完成它在开始时预期的计划;它的实现有赖于"自由不断重新得到确认,新开端也以全新的面目涌入滚滚向前的洪流中"[162]。假使行动不再将新开端抛入过程中,那么由自由开启的过程就会僵滞,陷入"自动化"(Automatismus),其有害性"不亚于自然进程的自动化"[163]。一旦新开端的力量减弱,衰退就随之而来。人类的历史因而在很大程度上由自动过程组成,只是偶尔被行动打断:"……我们知道,衰退过程往往长达几个世纪。事实上,仅从量的方面统计,它们很可能占据了迄今为止的历史中最大的空间。"[164]倘若没有新开端的支撑,任何一个历史时期都注定要衰退。就阿伦特而言,历史进程没有任何目标,唯有持续出现的新开端能阻止它固化,变得死一般僵滞,或陷入危险的自动化过程。

人在地球上的存续是否真的取决于自由一再得到重申,取决于人不断将新的开端置入世界中,这一点值得怀疑。假使人对新事物和新开端的激情不能被另一种精神,即尼采所谓"沉思之天才"所抑制,就会形成破坏性的特征。面对人们对新事物的盲目强调，恰恰是尼采这位重估一切价值的思想者表现出拒斥的态度。一方面，他对新事物的布道者予以认可；另一方面，沉思生活的重要性也从未离开过尼采的视域。因此，尼采将新事物的布道者与伟大的沉思者对立起来，后者在他看来是"思想的耕耘者"："最强大和最邪恶的天才人物是推动人类前进的首要功臣，他们一再点燃人们那昏睡的激情——井然有序的社会使激情昏昏欲睡；他们一再唤醒人们的比较意识、矛盾意识，唤醒人们尝试新事物，唤醒他们对未经实验的、需要冒险的事物的兴趣，迫使人们对各种观点和范例进行比较，并往往以使用武器、推翻界碑、破坏虔诚的方式，甚至不排除借助新的宗教和道德！同样的'邪恶'也存在于新事物的导师和布道者身上。……无论如何，新的总是恶的，新的总是要征服，要掀翻旧的界碑和虔诚；只有旧的才是好的！每个时代的好人对旧的思想总是刨根问底，并且获得思想果实，他们是思想的耕耘者。"[165] 帕斯卡尔、伊壁鸠鲁、塞涅卡或普鲁塔克等"伟大的伦理学家"在尼采这里都属于思想的耕耘者之列。尼采认为，我们的时代之所以缺少思想的耕耘者，是因为丧失了沉思的能力。尼采将现代的危机归结为我们完全被"沉思之天才"抛弃，而那"恶的犁铧"即便合乎目的，并且无疑有其自身的历史意义，却赶走了所有思想的耕耘者。阿伦特这位新事物的布道者把它理解为绝对的善，一种可以让人免于毁灭的善。

在阿伦特这里，社会本身成为与自由对立的一极，因为它管辖着纯粹的生命。社会仅仅是家（Oikos），即家政或家庭延伸、拓展到公共空间的产物。阿伦特将社会中固有的从众心理追溯到家庭。在她看来，家庭中只存在"一种观点"。属于社会范畴的东西，即纯粹的生命，在社会中占据了支配地位。社会在其"所有的发展阶段中"都将行动排除在外，就像曾经家所做的那样。由于社会将私人的家政延伸到公共领域，而在公共领域中，物种的生命进程具有优先权，因此人类的生存在社会中取得了胜利，"人之为人的真正本质"，也就是行动的自由，却销声匿迹。

按照阿伦特的观点，现代大众社会是社会的完成时态："大众社会彻底显示了社会的胜利。"[166] 现代大众社会实现了"无人的统治"。作为行动主体的"某人"受到压制。"无人"的统治在很多方面类似于"常人"（Man）的独裁，海德格尔也称其为"无人"。在他看来，"常人"的统治也压制了"行动的可能性"[167]。在大众社会里,行动为"自我表现"(Sich-Verhalten)所取代,"社会以各种各样的形式对其成员的'表现'提出期许,并为此制定了不计其数的规则。一切都是为了让个体符合社会规范,具有社会性,同时阻止那些自发的行动和卓越的成绩。"[168]

"平等化"是社会的本质特征。阿伦特将社会固有的从众心理中产生的平均主义与古希腊城邦的平等进行了对比:"属于数量越来越少的'平等者',意味着一个人获得了在地位相等的人中间生活的权利,这本身就类似于一种特权。但希腊城邦即公共空间本身,充满最激烈、最残酷的竞争,人人都必须不断地在他人面前凸显自己,用卓越的行动、言语和成就证明自身作为'最卓越者'而活着。换句话说,公共空间正是为'非平均化'的人保留,每一个人都应在公共空间里展示他超越平均水准的地方。"[169]在大众社会里,平均化的"常人"作为"无人"接管了统治权。一切都被敉平(nivelliert)至平均水准。阿伦特在此刻意忽略了一个事实:已经成型为社会的古希腊城邦中也充斥着从众心理。苏格拉底的申辩就是明证。

阿伦特认为社会只是家宅和家庭的简单延伸,这使她难以对社会进行有区别的分析，辨别不同的社会类型并研究它们各自的运作方式。事实上，"无人的统治"依然立足于权力结构。每个社会，包括希腊城邦，都是一种统治构造，一种使人成为主体即成为被征服者的制度。甚至身体也是权力效应造成的结果，福柯提出的"生命权力"正是建立在这种认识上。生命政治学形塑、治理着人的身体，在支撑工业资本主义的规训制度下制造出驯服的身体。经过精心计算的强制力渗透到身体的每一个部分，将"一个没有形状的面团，一个不适用于此的身体"变成"一台机器"[170]。规训制度下产生的驯服身体，不同于我们今天用健身小程序优化的身体。

阿伦特的社会理论无法用于对权力机制的分析。权力机制使每个社会成为一种制度。她的社会理论既无法把握从规训制度到新自由主义制度的过渡，也无法理解工业资本主义向监视资本主义的发展。当阿伦特将政治提升为一个排他性的数值，并且使它与社会脱钩时，她也将自身排除在政治的、权力—经济的过程之外。社会正是在这样的过程中得以确立，成为一种制度。

并非只有政治行动给世界带来了新事物，创造了物的新秩序。因为媒介就是革命，每一种新媒介都会通过建立新的权力结构来引进新制度。工业化标志着规训制度的开端，统治本身采取了机器化的形式，人被规训制度绑缚在全景机器的齿轮上。数字化则开启了信息制度，其精神政治学用算法和人工智能来监测和控制人的行动。

阿伦特关于大众社会的理念无法用于理解当前社会发展。今天，"大众"正在失去它的意义，人们开始谈论"奇点社会"（Gesellschaft der Singularität）也并非偶然。人们呼唤创造性和真实性，每个人都认为自己独一无二，都有自己的故事要讲，都在自我表演。行动的生活变成表演的生活。对新事物的强调再次被点燃。生命的强度必须借由新事物来提高，旧事物则不再受人信任。创造力、创新和对新事物的承诺也是创业公司的宣言。从这个角度来看，阿伦特对新事物和新开端的强调符合当今时代精神。

阿伦特的大众社会增加了行动和言说的困难，将平均水准普遍化并抑制了个体的、不同寻常的存在。它不允许出现"卓越的成就"，因为"没有为其保留任何空间"。"世俗空间"随之消失，"在这里人们可以展现自己的独特性，优异的存在也都能找到适合自己的位置"。在阿伦特看来，大众社会是完美的社会形式,与今天的社会截然对立。工业化的大众社会早已远去。在新自由主义制度下,它转变成了绩效社会。今天,我们争先恐后地提高绩效。新自由主义制度并非压制。相反,统治在此采取了一种狡黠的方式,其表现是呼吁人们不断创造更多绩效。更为致命的是,这种不易觉察的强制被解释为自由的增多。今天,我们带着自我实现的信念,自由地进行自我剥削。我们谦恭地向偶像致敬,这是对自我的敬拜,每个身处其间的人都是自己的牧师。对大众社会来说,对真实性的强调是一种陌生事物。与大众媒体主导的大众社会相反,言说的能力在数字媒体时代并没有萎缩。事实正好相反:如今,每个人都是生产者和传播者,每个人都从事自我生产。交际瘾让我们头晕目眩。

按照阿伦特的观点,人的独特性只有在行动中才得以彰显。然而"某人具体是谁"(personale Wer-Jemand-jeweilig-ist)这个问题对行动者来说是隐匿的,它只会在人的行动中"不由自主"地显现出来。因此,只有周遭世界知道行动者究竟是谁:"……这个向周遭世界如此明白无误地揭示出自己的'谁',极可能恰恰对揭示者本身来说永不可见,就像希腊人的守护神(Daimon)虽然伴随人的一生,但向来只从人的背后望向肩膀,因而只有遇见此人的周遭世界能够看到它,它追随的人却无缘得见。"[171] 与阿伦特的假设相反,希腊人的守护神无法被周遭世界所体验。这个守护神偶尔会显示自己,同它尾随的人说话,而周遭世界却对此一无所知。在柏拉图的《申辩篇》中,苏格拉底讲述了他想做事时守护神出言阻止的经历:"也许有人感到奇怪,我走来走去,干预别人的事务,以私人身份提出劝告,却不敢参加议院,向城邦提意见。我这样做是有原因的:你们在很多时候、很多场合听我说过,有个神物或精灵附在我身上……我从小就感到它的降临,它每次让我听见的时候,都是阻止我做打算做的事,却从来不叫我去做什么。就是它反对我从政。"[1][172] 守护神神秘的声音说:"停下来!"它阻止苏格拉底行动。很显然,守护神是一个无所事事的精灵。

希腊人的守护神对应于罗马人的精灵 Genius,它在每个人降生时作为守护神出现:"它被称为我的精灵,因为它创造了我。"[173] 这个精灵陪伴人从出生到死亡的整个过程。尽管它是与人最亲近的精灵,但它同时又是我们身上"最非

---

1 译文参照《柏拉图对话集》,王太庆译,商务印书馆,2004年,第42页及以下。

个人的部分","既是我们身上某种东西的化身,又走出并超越了我们"[174]。我们能够认识到"人并不仅仅是'我'和个体意识",要归功于它的存在。"自我提出的自足要求"在罗马人的精灵这里被击碎了。正是由于它的存在,我们不可能"将自己包裹在一个实体性的同一性中"[175]。

使我们成为"某人"的本己性(Eigenschaft)并不是"精灵般的"(genialis),也就是说,不是与精灵相称的。我们在行动的舞台上摘下面具,即卸下我们的本己性时,才能与精灵相遇。精灵在面具的背后展现出一张没有本己性的脸。这张脸与阿伦特和行动关联在一起的"某人具体是谁"相对立。一个没有本己性的人才能身处行动的舞台之外。在无所事事的光辉中,我们成为特殊意义上的"无人"。无所事事与忘我浑然一体。

与精灵生活在一起,意味着与一个"不知"的、非意识的区域保持联系。精灵并没有把人的经验移植到黑暗的无意识中,将它"作为可怖的过去堆放起来"[176]。相反,与精灵的相处是"亮如白昼的神秘主义",自我在其中平静地体验自我的解体。被精灵抓住,就是获得灵感,不再做"某人",而是将自我合拢在自我中。在激情状态下,我们与我们自身分离。Genialis 就是"站在－自我－身边"（Neben-sich-Stehen）。这也是幸福的一种公式。

生而为人，背负行动的义务，这是没有幸福可言的。谁只会行动，谁就会被激情和幸福的精灵离弃。幸福得益于无所事事。阿伦特如此轻蔑地看待人的幸福，并非没有根据："就所谓的幸福而言，我们不应该忘记的是，只有劳动动物才会对幸福提出要求。无论从事生产的劳动者，还是行动的政治家，都没想过要生活得幸福，也不曾相信过有朽的人能够幸福。"[177]

作为一种行动义务的"出生"，将我们缠绕在时间中。唯有无所事事能让我们重获自由，甚至把我们从时间中救赎出来。精灵恰恰体现了一种截然不同的生命形式："精灵童稚的面庞、长而微微震颤的双翼表明，他对时间一无所知。"[178] 我们庆祝生日时，并不是在向自身确证我们是一个行动的存在。相反，我们在这一天庆祝精灵的降临与显现，是它让我们超越了时间。生日宴上，我们不会记得过去的一天，因为生日宴和所有真正的盛宴一样"扬弃了时间"[179]。节日的本质是无时间性。节日的时间是驻留的时间。我们庆祝节日，因为只有驻留而不消逝的事物才能作为庆祝的对象。我们把节日当作一幢华美的建筑来庆祝。那些行动的人始终望向目标,向它走去、向它努力是他们行走的方式。只会行动的人没有庆祝节日的能力,庆祝意味着让时间暂停,并且没有任何目的。在这一点上,它与那些受制于必然性、与目标密切相关的行动判然有别。

节日不属于阿伦特的哲学语汇。阿伦特的著述中从未出现过这一名词。她对行动的激情将所有的节日性从生命中剥离。节日表达的是流溢丰沛的生命,代表着生命富于深度的形式。生命在节日里指向自身,而不是追求自身以外的目标。节日让行动失去效力。因此,一切有目的的活动在安息日都被禁止了。那摆脱了目标、在自身内飞舞的生命,构成了节日的安宁。不是行动的果决,而是节日的放纵,让我们超然于纯粹的生命。节日发生在家政之外,家政活动也在节日之际纷纷暂停。浪费或放纵等行动方式在古老的节日中十分常见,这表明节日具有反经济特性。生命在节日的时间里不再是生存,而行动则是一种生存的形式。节日为生命带来的光辉比行动更多,而阿伦特的思想完全处在人类生存的这一光辉形式之外。

阿伦特《积极的生活》开篇即对不朽和永恒做出了区

分。不朽是时间之内的延续和持存，属于无死无灭的诸神和永不消逝的宇宙。人作为有朽的生命，通过创造持久的作品而在无限的事物中间争取不朽。"追求不朽，追求不朽的名声"，在阿伦特眼中构成"行动生活的源泉与中点"[180]。人在政治的舞台上实现不朽。但对于沉思的生活来说，目标不是时间中的延续和持存，而是对永恒的体验。这种体验让时间和同时代的人获得了超越性，它发生在人的行动之外，也就是政治之外。但阿伦特认为，没有人能够在对永恒的体验中驻留，他必须再次回到同时代人中间。然而，一旦一位思想者离开了永恒的经验，开始动笔写作，他就走进了以不朽为终极目标的行动生活。因此，阿伦特得出一个奇特的结论："很显然，即使永恒位于思想的中心，但在思想者坐下来将他的思考付诸笔端的一刻，他首要的关切就不再是永恒，而是操心为后世人留下他思想的痕迹。他以自己的方式走进了行动的生活，开始'做事'并参与到那些适用于积极生活的规则和方式中。这些或许会带来持续，或许会带来不朽，但唯独无法带来永恒。"[181] 阿伦特因此对述而不作的苏格拉底感到好奇，因为他自愿放弃了不朽。很显然，对不朽的追求是阿伦特思考并将她的思想写下来的动机。她对沉思生活的理解较为狭隘，致使她难以描述其复杂性和多样性。事实上，写作本身也可以是一种沉思的行动，与追求不朽毫无关系。

按照阿伦特的观点，沉思的生活是对世界的逃避。她曾以曲解柏拉图洞喻的方式来证明自己的观点："对永恒的哲学体验……只能发生在人类行动的领域之外……柏拉图《理想国》中的洞穴隐喻涉及的就是这个前提条件。它告诉我们，哲学家必须摆脱那些将他与他的同伴捆绑在一起的铁链，孑然一身地离开洞穴，既没有同伴的陪伴，也没有同伴的追随。没有任何一个有生命的造物（能够）在时间中承受永恒的体验……生命本身迫使人回到洞穴，回到他们再次'在人群中'生活的地方。"[182]

事实上，柏拉图的洞穴隐喻讲述的是一个完全不同的故事：一位哲人挣脱了锁链，正是这锁链致使他和同在洞穴中的囚徒受到虚假影像的欺骗。他为寻找真理而离开洞穴。在此，柏拉图促请格劳孔设想：假使这位哲人在洞外看见了真理，然后回到洞穴，试图把囚徒从他们的妄念中解救出来，那么会发生什么？他以说真话（*parrhesia*）的形式完成的行动，将使他陷于被囚徒杀死的危险。因此，柏拉图的洞喻用这样的话结尾:"倘若有人想要解救他们(囚徒)并把他们带出洞穴,那么这些囚徒但凡能抓住他并夺他性命的话,就必须真的杀了他。"[183] 柏拉图在洞穴所体现的神秘权力及其虚假影像的对立面,确立了真理的权力。当哲学家不顾死亡的危险回到洞穴,劝说人们接受真理时,他是在行动。然而,行动的前提是对真理的认知。在讲述了洞穴隐喻后,柏拉图紧接着补充道:"任何想理性地行动的人,无论在私人事务还是公共事务中",都必须首先"看见真理"。因此,柏拉图教导人们:沉思是通向知识和真理的道路,也是行动的前提。倘若离开"沉思的生活",那么"行动的生活"就是目盲的。

在《积极的生活》结尾,阿伦特断言:工作的绝对化,也就是劳动动物在现代取得的胜利,正在摧毁人的其他能力,首先是行动的能力。阿伦特继而出人意料地谈及思(Denken),事实上她在整部著作中都未关注过这一问题。在她看来,思在现代的发展中,也就是在劳动动物的胜利中受到的损害最小;世界的未来虽然并不取决于思,而是取决于行动者的力量,但思与人的未来并非毫无关系。在行动的生活中,究竟哪种行动最具能动性,最能纯粹地体现出行动的经验？当我们从这个角度考虑时，不难发现，就行动的纯粹性而言，思超越了其他一切行动。恰恰在《积极的生活》最后一页，阿伦特将思理解成了最具能动性的行动。

阿伦特援引了加图的话来佐证她的观点："表面看上去无所事事的人，最具能动性；在孤独中与自己相处的人，最为孤独。"[184] 西塞罗在《论共和国》(De re publica) 中也引用了加图的这句话，紧接着开始赞美沉思的生活。他促请读者远离人群的喧哗，全身心投入沉思的生活。对他来说，思属于沉思的生活。这样看来，阿伦特在无意间以对沉思生活的赞美，收束了《积极的生活》全篇。

唯有在行动生活与沉思生活的融会与互动中，也就是在圆融的生活 (vita composita) 中，人的此在才得以完成。圣格里高利教导我们："如果一个好的生活计划要求我们从行动的生活转向沉思的生活，那么就灵魂而言，从沉思的生活回到行动的生活往往不无益处。这样，心中燃起的沉思之火就会让行动变得完满。因此，行动的生活必须将我们引向沉思，而沉思……也必须召唤我们回到行动。"[185]

阿伦特最终依然没能意识到，正是沉思能力的丧失，引发了她本人也曾批判过的劳动动物的胜利。人所从事的一切劳作都匍匐在劳动动物的脚下。与阿伦特的观点相反,人类的未来并不取决于行动者的权力,而是取决于沉思能力的重新激活。沉思的能力即不行动的能力。如果再不接纳沉思的生活,那么行动的生活就会沦为一种亢奋,终至精疲力竭。这不仅是心理的疾病,也是整个星球的疾病。

来临中的社会

Die Kommende Gesellschaft

纪念诺瓦利斯250周年诞辰

每个挚爱之物
都是天堂的中心。

当我与石头说话时
它难道没有变成一个独特的"你"?

——诺瓦利斯

宗教在今日的危机并非单纯源于我们对上帝的信仰杳无踪迹,或不再信任某些宗教信条。这种危机在更深的层次上表明,我们逐渐丧失了沉思的能力。生产和交际步步紧逼,使人难以耽于沉思。宗教尤以专注为前提。马勒伯朗士[1]称专注是灵魂自然的祈祷。今天，灵魂不再祈祷，而从事自我生产。正是灵魂的亢奋导致了宗教经验的失落。宗教的危机，是专注力的危机。

积极的生活高擎"行动"的口号，封上了通往宗教的路。行动不属于宗教经验。在《论宗教》(*Über die Religion*)一书中，施莱尔马赫[2]将沉思的直观提升为宗教的本质，将其置于行动的对立面："宗教的本质既非思，也非行动，而是直观和感觉。它想直观宇宙……想虔诚地倾听宇宙，孩童般被动地让宇宙直接的流溢抓住它、填满它。"[3][186]像孩子一样在被动的状态里直观，是无所事事的形式之一。在施莱尔马赫看来，宗教"使人惊叹于对无限的直观"，从而扬弃了所有行动。[187]行动者的视野里只有一个目标，丢弃了整体；思则仅专注于

---

[1] 马勒伯朗士（Malebranche，1638—1715），法国哲学家、神学家，继承并发展了笛卡尔的身心二元论，认为肉体与灵魂是上帝之下两种没有因果联系的并存实体，著有《真理的探求》《自然与神恩》等。

[2] 施莱尔马赫（Schleiermacher，1768—1834），德国新教神学家、古典语文学家，曾任柏林大学新教神学教授，研究涉及国家理论、教会政治、教育学、阐释学等多个领域，是18、19世纪德意志最重要的公共学者之一，与德国浪漫派过从甚密，著有《论宗教》《伦理学》《美学》等。

[3] 译文参照施莱尔马赫：《论宗教——对蔑视宗教的有教养者讲话》，邓安庆译，人民出版社，2011年，第30页。

它的对象。唯直观和感觉通向宗教，通向整体的存在者。

无神论并不排斥宗教。对施莱尔马赫来说，人完全能想象一种没有神的宗教："宗教意味着对宇宙的直观……倘若你们不否认，有关神的观念能与直观宇宙的任何方式相配，那么你们也需承认，没有神的宗教要比有神的宗教优越。"[188] 宗教的本质不在于神，而在于一种直观宇宙的过程中实现的、对无限的渴求。

倾听（Lauschen）是属于宗教的动词，行动是属于历史的动词。"我"作为区分、划界的场域，在倾听的无所事事中沉默。倾听的我将"自我"沉潜于整体、无界与无限。施莱尔马赫认为宗教是对宇宙的直观，荷尔德林的《许佩里翁》(Hyperion)则以诗意的语言将这一思想呈现出来："我冥心静听在胸前嬉戏的微风细浪。我常常极目仰望宇宙，俯探圣洁的海洋，忘情于广阔的蔚蓝之中……与万有合一，这是神性的生命，这是人的天穹。与生命万有合一，在至乐的忘己中回归自然宇宙，这是思想和欢乐的巅峰，它是神圣的峰顶，永恒的安息地。"[1][189]

1　译文引自《荷尔德林文集》，戴晖译，商务印书馆，2003年，第8页。

醉心于倾听的人，在"自然的万有"、"广阔的蔚蓝"、"天穹"和"圣洁的海洋"中放下"自我"。相反，自我生产、自我展示的人没有倾听的能力，也无法像孩子一样在被动中直观。宗教在一个充斥着自恋式的自我生产和自我展示的时代丧失了根基，因为"无我"（Selbstlosigkeit）才是宗教经验的构成部分。对宗教来说，自我生产造成的危害更甚于无神论。只有将自我交付给死亡的人，才能分有永恒。施莱尔马赫这样写道："尝试出于宇宙的爱而放弃你们的生命，然后从这里开始就努力消除你们的个体性，在一与万有中生活，去追求比你们自身更多一点的东西吧……在有限中与无限合一，在瞬间中成为永恒，这就是宗教的不朽。"[190]

浪漫派让自然披上神性的光辉。自然于神圣中卓然而立，无人能触及。我们把自然当作实现目的的手段、当作资源的那一刻，已在向自然施加暴力。人与自然之间的工具关系不可避免地导致灾难，而浪漫派对自然的理解具有修正这种关系的潜力。浪漫派追求人与自然的和解。荷尔德林在《许佩里翁》的前言中写道："结束我们和世界之间的永久冲突，重建那高于一切理性的、所有和平的和平，让我们与自然结成一个无尽的整体，这是我们一切追求的目标。"[1][191] 与自然合一在荷尔德林这里意指"存在"（Seyn）："我们没有预感无限的和平，预感存在——在'存在'一词的唯一含义上，我们全然没有追求与自然合一。"[192]

与存在相反，行动"在整个宇宙中仅仅把人当作一切关系的中点、一切存在的条件、一切变化的根源"[193]。在存在中，"所有冲突休止，万物归一"[194]，行动永远无法企及存在。行动缺少存在的维度。荷尔德林认为，自我，即行动的主体造成了永久的冲突，损害了存在："至乐的合一，存在，在这个词的唯一意义上，对于我们已消失……我们脱离了和平的世界的一即万有（Hen kai Pan），是为了由我们自己来建立它。我们和自然一道崩裂了，人们相信曾经为一的东西，现在自相争斗。"[195] 作为美的存在源自聚会之所（synagogé），"聚集为一"[196]。只要和解与无限的和平尚未到场，美就在世上缺席。荷尔德林憧憬的是一个"由美担任女王的国度"[197]。

浪漫派解除了自由与自我的关系。自由并不表现为对行

---

1 译文参照《荷尔德林文集》，第4页。

动的注重,而是表现为直观的被动。行动让位于倾听:"唯有直观无限的冲动,能让心灵处于不受限的自由。"[198]自由意味着与自然的无限合而为一,与万物如兄弟般共处:"哦,阳光,微风,我呼唤着,我的心唯有同你们在一起才有生机,像在众兄弟中间!我愈加沉醉于自然,几无尽头。我多想变成孩子,好更亲近你们。为了更亲近你们,像纯净的光束那般,我宁愿变成孩子,哪怕为此知道得少些。"[199]

自由转化为自然的瞬间即是宗教的:"自由本身再次成为自然时,始有宗教呼吸。"[200]自然打开了那自认为自由且自主的主体的眼睛,使主体具有直观的能力。主体因自然而放弃它的主权、泪水奔涌的瞬间,是纯然浪漫的时刻。自然让主体领悟到自身的自然性:"在自然的面前,康德希望主体意识到的更多是其自然性,而非优越性。这一刻让主体在崇高面前哭泣。对自然的眷恋消解了主体想要自我设定的倔强:'泪水涌出,大地再度拥有了我。'泪水中,'我'从精神上走出自身的牢笼。"[201]泪水破除了"主体加诸自然的禁咒"[202]。溶于泪水的主体皈依了大地。

浪漫派理解的自然之美,并不能让主体获得直接的愉悦感。愉悦不过是主体取悦自身。自然之美只能经由痛苦得以体验，因为自然之美震颤了绝对意义上自我设定的主体，从而使它脱离自满的状态。痛苦是"主体的一道裂痕"，"主体的他者"借此预示了自己的来临："在美的视角下，人唯有在体验自然时对痛苦的感受最真切；痛苦也是美所昭示的东西。"[203] 在这个意义上，自然之美是潜在的乌托邦，指示出一种不同的、人与自然和解的存在状态。

早期浪漫派的自由观对今天的个体自由来说无异于一种修正，甚至是解药。它的立足点不是"自我意欲"（Sich-Wollen）或"对自我的意志"（Willen zu Sich），而是"共在"（Mitsein）或"共同意欲"（Mitwollen）："共同即……出入于存在。共同是一种必须，但这种必须从人与存在之间开放的归属关系中来，并回归其中。归属是自由最内在的本质。"[204] 归属意义上的自由符合自由的本意。从词源上看，frei（自由的）意为"存在于朋友中间"（unter Freunden sein）。无论 Freiheit（自由）还是 Freund（朋友），都源于印欧语中表示"爱"的词根 fri。自由即友爱。因此，荷尔德林将消除一切分离与孤立的友爱抬升为神圣的原则："只要友爱——这纯洁者/长存心中/人就不会与神性/做不幸的较量。"[205]

诺瓦利斯眼中的自然不是毫无生气的"它"(Es),而是生机勃勃的、唯有凭借呼请才能抵达的"你"(Du)。拯救自然,就是要把自然带离让它饱受残酷掠夺的"它"的此在,以"你"称呼自然。每一个物在我们的呼请中都成为"你"。在早期浪漫派看来,自然能感受,思考,交流。谢林视自然为可见的精神,人的精神则是不可见的自然。不过,疏离自然的人不懂得自然以象形文字构成的语言;自然只向带着爱与幻想接近她的人显露奥秘。

浪漫派的自然观将自身无生命之物当作有灵魂的存在来感知,有效地修正了我们对自然工具化的理解,避免将自然视为资源,使自然完全屈从于人的目的。按照诺瓦利斯的观点,人与自然之间存在深刻的同情(Sympatie)。洞悉事物的眼睛可以把握人与自然之间的多重契合。诺瓦利斯将反思的游戏与自然的游戏进行类比,认为人的思维与自然之间不存在根本的区别。人的身体也是一个小宇宙,映射于自然这个大宇宙。人与自然之间存在神秘的类比。

早期浪漫派观照下的自然是无目的、非功利的游戏。无所作为是自然的本质特征。自然"像一个自顾玩耍、心无旁骛的孩子","轻松恬然"[206]。真正的语言也不是达致目的的手段，不是交际的工具。语言指涉自身，与自身游戏。它为说话而说话。在诗中，语言脱离了一切功用。它不劳动（arbeitet）。在诺瓦利斯看来，只有在意义和沟通之外，语言的华美才得以展现："人们不理解语言，因为语言不理解也不愿理解自己；真正的梵文只是为说话而说话，因为说话是它的欲求和本质。……神圣的文字无须解释。谁真正在说话，他就充盈着永恒的生命，他的文字在我们看来似乎与真正的奥秘奇妙地相近，因为这文字是宇宙交响曲的和声。"[1][207]

浪漫派并非单纯将他们的主观感觉、愿望和渴求（Sehnsucht）投射到没有生命和灵魂的自然上，将自然人格化、主观化。在浪漫派这里，自然本身具有内在性（Innerlichkeit），具有"心灵"。诺瓦利斯认为，自然的想象力超越了人的想象力。自然比人更富于灵感和机智："只有诗人们才感觉得到，自然对于人可能是什么。……对他们来说，自然含有无限多样的心灵的一切变化，它比最机智和最活泼多变的人更善于运用思虑周密的变化和灵感、应对和退避、伟大的理念

---

[1] 译文引自诺瓦利斯：《大革命与诗化小说》，林克等译，华夏出版社，2008年，第3页。

和奇想，使人猝不及防。"[1][208] 自然"是神性的一首诗，我们既是它的组成部分，也是它绽放的花朵"。诺瓦利斯把自然当成一位有"艺术直觉"的艺术家，深信对自然和艺术做出区分是谬误和"无稽之谈"[209]。

德国浪漫文学不止是"森林孤寂"（Waldeinsamkeit）[2] 和森林魔法，磨坊边的潺潺溪流"，"巡夜人的呼唤、淙铮的泉水、倾颓的宫殿、荒芜的花园和斑驳朽坏的雕像"，也不止是向"旧传统"甚或"强烈的民族情感"和"新的更强大的德意志特性"的回溯。[210] 早期浪漫思想是一种带有普世特点的审美—政治观念。诺瓦利斯是激进的普遍主义的代表者，怀抱对和解、和谐的渴望以及永久和平的理想，追求超越民族与身份属性的"世界家庭"。

以诺瓦利斯的视角观之，世界上没有任何事物孤立存在，万物弥漫相融，交错密织。诺瓦利斯让诗成为融合、和解与爱的媒介。诗释放出的强度让事物摆脱了孤立状态，合成美的共同体："诗提升每一个别物，乃是通过将它与其余的整

---

1 译文参照诺瓦利斯：《大革命与诗化小说》，第21页及以下。
2 该词原用于描述一种宗教隐修传统，后经德国浪漫派尤其路德维希·蒂克（Ludwig Tieck, 1773—1853）在其艺术童话《金发的艾克贝特》（*Der blonde Eckbert*）中的塑造而获得更丰富的内涵，成为田园牧歌般理想世界的象征。

体独特地联系起来。……诗构建美的社会——世界家庭——美的宇宙家政。……个体生存于整体之中,整体也生存于个体之中。通过诗才可能产生最高的共情和合力(Coactivität),以及最紧密的共同体。"[211] 他追求的是生命的共同体。个体是"整体的器官",整体也是"个体的器官"。个体与整体相互渗透。诺瓦利斯相信,分离、孤立终会让人患病,诗则是"治愈之术",是"构建超验健康的伟大艺术"。因此,诺瓦利斯将诗人升华为"超验的医生"[212]。

世界的浪漫化还世界以魔法、魔力、奥秘乃至尊严。浪漫化带来一种强度:"世界必须浪漫化。这样人们会重新发现本真的意义。……当我给卑贱物以崇高的意义,给寻常物以神秘的模样,给已知物以未知物的庄重,给有限物以无限的表象,我就将它们浪漫化了。"[1][213] 浪漫化揭开了心灵的面纱——这外部世界的隐秘内在,我们却已与之疏离。诺瓦利斯呼唤道:"你激起我高尚的冲动/直观辽阔世界的心灵深处。"[214] 世界的浪漫化如同为世界施魅(Verzauberung),是防治世界俗化(Profanisierung)的药剂,将世界变成一

---

1 译文引自诺瓦利斯:《大革命与诗化小说》,第134页。

部小说（Roman）——诺瓦利斯或许倾向于用"童话"（Märchen）一词。如今，信息化和数字化正在将世界推向俗化的顶点。一切都以数据呈现，一切都可计算。信息不再叙述，只做叠加。信息不再累积成一段叙事、一部小说。数字技术建基于二进制算法。digital 对应于法文的 numérique，即"数字的"。"计数"与"叙述"截然相反。数字不叙述，而是聚集在意义的零点（Nullpunkt des Sinns）。

将浪漫派与整体、自然和宇宙建立联系的渴望视为狂热、不合时宜或倒退的思想，实属谬误。在瓦尔特·本雅明看来，这种渴望一再翻涌，是人类的基本需求："古代人与宇宙相处的方式殊为不同：他们在迷狂中体验宇宙。……这指的是，人只有在共同体中才会对宇宙产生迷狂。现代人犯了一个危险的错误，认为它是一种可以弃之不顾、无足轻重的体验，或是个体在星空下的幻想而已。不，这种体验其实一再降临。"[215]

诺瓦利斯代表着浪漫的弥赛亚主义。他目力所及，随处是"永久和平的神圣时代"、"伟大的和解时代"、"新的黄金时代"和"创造奇迹、治愈伤口、予人慰藉、点燃永恒生命的远古时代"的记号。[216] 一切虽仅是"零散粗糙的征兆",然而它们作为一个整体透露出"其内部孕育着新的弥赛亚"[217]。这些记号预示着新的时代、新的"观看"(Sehen)与一种全然不同的生命形式。

吉奥乔·阿甘本在《来临中的共同体》(*Die kommende Gemeinschaft*)中提到一则关于即将来临的弥赛亚王国的譬喻。本雅明在某天晚上一定对恩斯特·布洛赫讲起过它:"一位拉比,一位真正的犹太教神秘哲学家曾经说过:为建立和平之国,无须摧毁一切事物,开启一个全新的世界,只需稍微移动一下这个杯子、那片灌木或那块石头,如此一来,一切事物就变动了。然而这小小的移动却殊为艰难,尺度也不易把握,因此,有关世界之事,人无能为力,弥赛亚正是为此而来。"1[218] 本雅明的理解如下:"关于即将来临的世界,虔敬派信徒有句格言:那里的所有陈设与我们这里无异。我们的屋子现在所在的地方,也是它在那个世界的位置;我们的孩子此刻在哪里睡觉,未来也在哪里睡觉;我们在此世的衣着也是在彼世的衣着。一切如旧——只有一点点儿不同。"[219] 在即将来临的世界里,一切与现在无异,没有

---

1 译文参照韩炳哲:《透明社会》,吴琼译,中信出版社,2019年,第28页。

新事物出现，只有细微的差别。这"细微的差别"究竟何在，是个谜团。它是否意味着，事物在那个世界有着截然不同的状态，从而形成一种新的关系？

诺瓦利斯的一则断片读来颇像那位犹太教拉比的譬喻："未来世界的所有一切都如同过往的世界——然而又完全不同。"[220] 就真实存在的事物而言，未来世界与过往世界完全一致，既不增添新物，也不移除旧物。尽管如此，即将来临的世界的一切又都完全不同。与那位犹太教拉比不同，诺瓦利斯暗示了未来世界可能的样子。有趣的是，诺瓦利斯在同一则断片中谈及"理性的混沌"（vernünftiges Chaos）。凌乱无序，但又是一种理性的凌乱无序，成为未来世界的特征，万物于其间相互触碰、渗透，没有任何事物单独存在，兀自静止，也没有任何事物保持不变。万物向彼此敞开，没有僵硬的界限。我们也可以说，它们变得彼此友爱。它们友爱的微笑消解了身份的挟制。万物交汇融合，世界在"友爱的凌乱无序"中，在"理性的混沌"中熠熠生辉。

诺瓦利斯"来临中的社会"建立在消除孤立、分隔和疏离的友爱伦理学上，是一个和解与和平的时代。在《塞斯的弟子》（*Die Lehrlinge zu Sais*）中，诺瓦利斯做了如下描绘:"他很快便察觉在所有东西中的联系、相遇、巧合。他看到没有任何东西是孤立的。——他的感官所察觉的东西涌进一幅幅巨大的、五彩缤纷的画面:他听、视、触、思同时进行。他很喜欢搜集异样的东西。对于他,时而星是人,时而人是星;石头是动物,云是植物。"[1][221] 在来临中的和平国度里,人不过是"生命体共和国"(Republik der Lebendigen)的公民,与植物、动物、石头、云、星无异。

---

[1] 译文引自诺瓦利斯:《大革命与诗化小说》,第4页。

注　释

[1] 尼采:《人性的，太人性的》(*Menschliches, Allzumenschliches*)，见柯利 (G. Colli)、蒙蒂纳里 (M. Montinari) 编《尼采全集》(考订研究版)，柏林/纽约，1988年，第2卷，第231页。

[2] 卡尔·科雷尼 (Karl Kerényi):《古代宗教》(*Antike Religion*)，慕尼黑/维也纳，1971年，第62页。

[3] 西奥多·阿多诺 (Theodor W. Adorno):《阿多诺文集》(*Gesammelte Schriften*)，梯德曼 (R. Tiedemann) 编，第7卷，法兰克福，1970年，第437~438页。

[4] 居伊·德波 (Guy Debord):《景观社会》(*Die Gesellschaft des Spektakels*)，柏林，1996年，第100页。

[5] 同上书，第101页。

[6] 阿多诺:《最低限度的道德：对受损生活的反思》(*Minima Moralia. Reflexionen aus dem beschädigten Leben*)，见《阿多诺文集》，第4卷，法兰克福，1980年，第135页。

[7] 瓦尔特·本雅明（Walter Benjamin）:《拱廊计划》(*Das Passagen-Werk*)，见《本雅明文集》(*Gesammelte Schriften*)，第 5 卷，法兰克福，1991 年，第 536 页。
[8] 同上书，第 1053 页。
[9] 吉奥乔·阿甘本（Giorgio Agamben）:《赤裸》(*Nacktheiten*)，法兰克福，2010 年，第 185 页。
[10] 加斯东·巴什拉（Gaston Bachelard）:《火的心理学》(*Psychologie des Feuers*)，慕尼黑，1985 年，第 22 页。
[11] 参见科雷尼:《古代宗教》，第 48 页。
[12] 阿甘本:《赤裸》，第 177~178 页。
[13] 同上书，第 178 页。
[14] 本雅明:《思想肖像》(*Denkbilder*)，见《本雅明文集》，第 4 卷，法兰克福，1991 年，第 305~438 页。此处：第 376~377 页。
[15] 同上。
[16] 马塞尔·普鲁斯特（Marcel Proust）:《追忆似水年华》(*Auf der Suche nach der verlorenen Zeit*)，第 1—7 卷，法兰克福，1994 年，第 2578 页。
[17] 同上书，第 4543 页以下。
[18] 同上书，第 3625 页。
[19] 同上书，第 4511 页。
[20] 本雅明:《拱廊计划》，见《本雅明文集》，第 5 卷，第 161 页。
[21] 《本雅明文集》，第 2 卷，法兰克福，1991 年，第 446 页。
[22] 海德格尔:《在通向语言的途中》(*Unterwegs zur Sprache*)，

普富林根，1959 年，第 159 页。
[23]《本雅明文集》，第 2 卷，第 1287 页。
[24] 莫里斯·布朗肖（Maurice Blanchot）：《等待，遗忘》（*Warten Vergessen*），法兰克福，1964 年，第 39 页。
[25] 布朗肖：《文学空间》（*Der literarische Raum*），柏林，2012 年，第 16 页。
[26] 同上书，第 91 页。
[27] 尼采：《遗稿，1884—1885》（*Nachgelassene Fragmente 1884—1885*），见《尼采全集》（考订研究版），第 11 卷，第 228 页。
[28] 亨利希·冯·克莱斯特（Heinrich von Kleist）：《论木偶戏》（*Über das Marionettentheater*），见塞姆布德讷（H. Sembdner）编《克莱斯特全集》（*Sämtliche Werke und Briefe*），慕尼黑，1970 年，第 2 卷，第 338~345 页。此处：第 345 页。
[29] 本雅明：《思想肖像》，见《本雅明文集》，第 406~407 页。
[30] 同上书，第 407 页。
[31] 罗兰·巴特（Roland Barthes）：《敢于怠惰》（*Mut zur Faulheit*），见《声音的颗粒：1962—1980 访谈》（*Die Körnung der Stimme. Interviews 1962—1980*），法兰克福，2002 年，第 367~374 页。此处：第 371 页。
[32] 同上。
[33] 本雅明：《柏林童年》（*Berliner Kindheit um Neunzehnhundert*），见《本雅明文集》，第 4 卷，法兰克福，1991 年，第 235~304 页。此处：262~263 页。
[34]《本雅明文集》，第 6 卷，法兰克福，1991 年，第 194 页。

[35] 本雅明：《拱廊计划》，见《本雅明文集》，第5卷，第161页。
[36] 《本雅明文集》，第4卷，第741页。
[37] 尼采：《遗稿，1880—1882》(*Nachgelassene Fragmente 1880—1882*)，见《尼采全集》(考订研究版)，第9卷，第24页。
[38] 吉尔·德勒兹(Gilles Deleuze)：《转义者》(*Mediators*)，见《商谈》(*Negotiations*)，纽约，1995年，第121~134页。此处：第129页。转引自哈特(M. Hardt)、奈格里(A. Negri)：《民主：我们为何而斗争》(*Demokratie. Wofür wir kämpfen*)，法兰克福，2013年，第21页。
[39] 尼采：《人性的，太人性的》(*Menschliches, Allzumenschliches*)，见《尼采全集》(考订研究版)，第2卷，慕尼黑，1999年，第231页。
[40] 同上书，第232页。
[41] 阿甘本：《王国与荣耀：安济与统治的神学谱系》(*Herrschaft und Herrlichkeit. Zur theologischen Genealogie von Ökonomie und Regierung*)，柏林，2010年，第300页。
[42] 《时代周刊》的采访，2012年7月12日。
[43] 参见马克思：《政治经济学批判》(*Grundrisse der Kritik der politischen Ökonomie*)，见《马克思恩格斯全集》，第42卷，第545页。
[44] 同上。
[45] 德勒兹：《内在性：一种生命……》(*Die Immanenz: ein Leben...*)，见巴尔克(F. Balke)、沃格尔(J. Vogl)编《哲学的

边界》(*Fluchtlinien der Philosophie*)，慕尼黑，1996年，第29~33页。此处：第30页。
[46] 德勒兹（Gilles Deleuze）、加塔利（Félix Guattari）：《什么是哲学？》(*Was ist Philosophie?*)，法兰克福，1996年，第254页。
[47] 彼得·汉德克（Peter Handke）：《试论倦怠》(*Versuch über die Müdigkeit*)，法兰克福，1992年，第76页。
[48] 同上书，第74页。
[49] 罗伯特·穆齐尔（Robert Musil）：《没有个性的人》(*Der Mann ohne Eigenschaften*)，弗里泽（Adolf Frisé）编，赖恩贝克，1978年，第1234页。
[50] 同上书，第762页。
[51] 汉德克：《试论倦怠》，第68页。
[52] 汉德克：《铅笔的历史》(*Die Geschichte des Bleistifts*)，法兰克福，1985年，第235页。
[53] 保罗·塞尚（Paul Cézanne）：《论艺术——与加斯奎特的谈话和通信》(*Über die Kunst. Gespräche mit Gasquet. Briefe*)，汉堡，1957年，第10~11页。
[54] 同上书，第38页。
[55] 同上书，第66页。
[56] 同上书，第14页。
[57] 同上书，第66页。
[58] 梅洛-庞蒂（Merleau-Ponty）：《意义与无意义》(*Sinn und Nicht-Sinn*)，慕尼黑，2000年，第22页。
[59] 塞尚：《论艺术》，第19页。

[60] 同上书，第 9 页。
[61] 劳伦兹·迪特曼（Lorenz Dittmann）:《论塞尚的艺术》（"Zur Kunst Cézanne"），见马丁·果泽布卢赫（Martin Gosebruch）编《库尔特·巴特七秩华诞贺寿论文集》（*Festschrift Kurt Badt zum siebzigsten Geburtstage*），柏林，1961 年，第 190~212 页。此处：第 196 页。
[62] 庄子:《南华真经》（*Das wahre Buch vom südlichen Blütenland*），卫礼贤（Richard Wilhelm）译，耶拿，1912 年，第 33 页。
[63] 福冈正信（Masanobu Fukuoka）:《大道无门》（*Der Große Weg hat kein Tor*），达姆施塔特，2013 年，第 52 页。
[64] 同上书，第 71 页。
[65] 海德格尔:《演讲与论文集》（*Vorträge und Aufsätze*），普富林根，1954 年，第 94 页。
[66] 汉娜·阿伦特（Hannah Arendt）:《过去与未来之间：政治思考练习之一》（*Zwischen Vergangenheit und Zukunft. Übungen im politischen Denken I*），慕尼黑，2012 年，第 78 页。
[67] 同上书，第 79 页。
[68] 本雅明:《拱廊计划》，见《本雅明文集》，第 5 卷，第 592 页。
[69] 同上书，第 676 页。
[70] 海德格尔:《演讲与论文集》（*Vorträge und Aufsätze*），第 64 页。
[71] 海德格尔:《思索 II—VI：黑皮书，1931—1938》（*Überlegungen II–VI. Schwarze Hefte 1931—1938*），见《海德格尔全集》，第 94 卷，法兰克福，2014 年，第 447 页。
[72] 海德格尔:《哲学论稿》（*Beiträge zur Philosophie*），见《海

德格尔全集》，第 65 卷，法兰克福，1989 年，第 22 页。
- [73] 海德格尔:《什么叫思想？》(*Was heißt Denken?*)，图宾根，1971 年，第 173 页。
- [74] 海德格尔:《在通向语言的途中》(*Unterwegs zur Sprache*)，第 208 页。
- [75] 同上书，第 199 页。
- [76] 海德格尔:《乡间路上的谈话，1944/1945》(*Feldweg-Gespräche, 1944/1945*)，见《海德格尔全集》，第 77 卷，法兰克福，1995 年，第 227 页。
- [77] 同上书，第 226 页。
- [78] 海德格尔:《演讲与论文集》，第 66 页。
- [79] 海德格尔:《存在与时间》(*Sein und Zeit*)，图宾根，1979 年，第 137 页。
- [80] 海德格尔:《这是什么——哲学？》(*Was ist das – die Philosophie?*)，普富林根，1956 年，第 23 页。
- [81] 海德格尔:《哲学论稿》，第 21 页。
- [82] 同上。
- [83] 海德格尔:《这是什么——哲学？》，第 26 页。
- [84] 海德格尔:《思的经验，1910—1976》(*Aus der Erfahrung des Denkens 1910—1976*)，见《海德格尔全集》，第 13 卷，法兰克福，1983 年，第 68 页。
- [85] 同上书，第 233~234 页。
- [86] 海德格尔:《路标》(*Wegmarken*)，法兰克福，1967 年，第 148 页。
- [87] 海德格尔:《演讲与论文集》，第 144 页。

[88] 同上书，第 143~144 页。
[89] 海德格尔：《荷尔德林的颂歌〈追忆〉》(*Hölderlins Hymne "Andenken"*)，见《海德格尔全集》，第 52 卷，法兰克福，1982 年，第 75 页。
[90] 海德格尔：《思索 II—VI：黑皮书，1931—1938》，第 232 页。
[91] 海德格尔：《存在与时间》，第 187 页。
[92] 同上书，第 126 页以下。
[93] 海德格尔：《形而上学的基本概念：世界—有限性—孤独性》(*Die Grundbegriffe der Metaphysik. Welt-Endlichkeit-Einsamkeit*)，见《海德格尔全集》，第 29、30 卷，法兰克福，1983 年，第 211 页以下。
[94] 同上书，第 223 页以下。
[95] 参见韩炳哲：《死亡与他者》(*Tod und Alterität*)，慕尼黑，2002 年。
[96] 海德格尔：《荷尔德林的颂歌〈追忆〉》，第 64 页。
[97] 海德格尔：《路标》，第 8 页。
[98] 海德格尔：《荷尔德林的颂歌〈追忆〉》，第 67 页。
[99] 海德格尔：《讲话与生平证词》(*Reden und andere Zeugnisse eines Lebensweges*)，《海德格尔全集》，第 16 卷，法兰克福，2000 年，第 731 页。
[100] 海德格尔：《荷尔德林的颂歌〈追忆〉》，第 128 页。
[101] 海德格尔：《讲话与生平证词》，第 732 页。
[102] 海德格尔：《乡间路上的谈话》，第 180 页。
[103] 海德格尔：《讲话与生平证词》，第 732 页。
[104] 阿伦特：《过去与未来之间》，第 76 页。

[105] 尼克拉斯·卢曼（Niklas Luhmann）:《"信息社会"中的决断》(Entscheidungen in der "Informationsgesellschaft"), 见 https://www.fen.ch/texte/gast_luhmann_informationsgesellschaft.htm。

[106] 尼采:《遗稿，1869—1874》(*Nachgelassene Fragmente 1869—1874*)，见《尼采全集》（考订研究版），第7卷，第710页。

[107] 汉斯-格奥尔格·伽达默尔（Hans-Georg Gadamer）:《美的现实性——作为游戏、象征、节日的艺术》(*Die Aktualität des Schönen. Kunst als Spiel, Symbol und Fest*)，斯图加特，1977年，第42页以下。

[108] 转引自科雷尼:《古代宗教》，第113页。

[109] 第欧根尼·拉尔修（Diogenes Laertius），II，10。

[110] 参见荷马:《伊利亚特》(*Ilias*)，18.61。

[111] 约瑟夫·皮珀（Josef Pieper）:《幸福与沉思》(*Glück und Kontemplation*)，慕尼黑，1957年，第97页。

[112] 托马斯·阿奎纳（Thomas von Aquin）:《神学大全》(*Summa theologica*)，II. II.，第180问，第4条。

[113] 皮珀:《幸福与沉思》，第65页。

[114] 同上书，第97页以下。

[115] 奥古斯丁:《上帝之城》(*Vom Gottesstaat*)，XXII，30。

[116] 皮珀:《幸福与沉思》，第73页。

[117] 赖内·马利亚·里尔克（Rainer Maria Rilke）:《里尔克全集》(*Sämtliche Werke*)，里尔克档案馆编，第2卷，威斯巴登，1957年，第249页。

[118] 里尔克:《里尔克全集》,第 1 卷,第 735 页。

[119] 同上书,第 709 页。

[120] 同上。

[121] 科雷尼:《古代宗教》,第 47 页。

[122] 同上书,第 62 页。

[123] 伽达默尔:《美的现实性》,第 52 页。

[124] 同上书,第 111 页。

[125] 汉纳洛尔·劳施(Hannelore Rausch):《沉思:从神圣到哲学的意义转向》(*Theoria. Von ihrer sakralen zur philosophischen Bedeutung*),慕尼黑,1982 年,第 17 页。

[126] 科雷尼:《古代宗教》,第 111 页。

[127] 亚里士多德:《尼各马可伦理学》(*Nikomachische Ethik*),1178b。

[128] 同上书,1177a。

[129] 皮珀:《幸福与沉思》,第 108 页。

[130] 威廉·弗卢塞尔(Vilém Flusser):《传播学》(*Kommunikologie weiter denken*),法兰克福,2009 年,第 236 页。

[131] 亚伯拉罕·J. 赫舍尔(Abraham J. Heschel):《安息日》(*Der Sabbat*),诺伊基兴—弗林(Neukirchen-Vluyn),1990 年,第 14 页。

[132]《拉比拉什摩西五经释义》(*Raschi-Kommentar zu den fünf Büchern Moses*),德绍尔(Julius Dessauer)译,布达佩斯,1887 年,第 5 页。

[133] 赫舍尔:《安息日》,第 47 页。

[134] 阿伦特:《过去与未来之间》,第 247 页。

[135] 阿伦特:《积极的生活》(Vita activa oder Vom tätigen Leben), 慕尼黑,1981年,第216页。

[136] 同上书,第190页。

[137] 同上书,第192页。

[138] 弗卢塞尔:《传播学》,第237页。

[139] 托尼奥·霍尔舍尔(Tonio Hölscher):《希腊城邦及其空间:宗教界限与过渡》("Die griechische Polis und ihre Räume: Religiöse Grenzen und Übergänge"),见马丁·A.古吉斯伯格(Martin A. Guggisberg)编《古代仪式与敬拜的界限》(Grenzen in Ritual und Kult der Antike),巴塞尔,2013年,第47~68页。此处:第54页。

[140] 海德格尔:《论荷尔德林:希腊之旅》(Zu Hölderlin. Griechenlandreisen),见《海德格尔全集》,第75卷,法兰克福,2000年,第251页。

[141] 阿伦特:《积极的生活》,第43页。

[142] 朱迪丝·N.施克莱(Judith N. Shklar):《论汉娜·阿伦特》(Über Hannah Arendt),柏林,2020年,第102页。

[143] 柏拉图:《申辩篇》(Apologie),施莱尔马赫(F. Schleiermacher)译,31d及以下。

[144] 阿伦特:《论革命》(Über die Revolution),慕尼黑,2011年,第362页。

[145] 阿伦特:《积极的生活》,第37页。

[146] 同上书,第165页。

[147] 阿伦特:《论革命》,第40页以下。

[148] 阿伦特:《自由的自由》(Freiheit, frei zu sei),慕尼黑,2018

年,第 32 页。
[149] 同上书,第 24 页。
[150] 同上书,第 25 页。
[151] 塞拉·本哈比(Seyla Benhabib):《汉娜·阿伦特:现代忧郁的思想者》(*Hannah Arendt. Die melancholische Denkerin der Moderne*),法兰克福,2006 年,第 248 页。
[152] 阿伦特:《匈牙利革命与极权主义的帝国主义》(*Die Ungarische Revolution und der totalitäre Imperialismus*),慕尼黑,1958 年,第 41 页以下。
[153] 阿伦特:《论革命》,第 82 页。
[154] 阿伦特:《过去与未来之间》,第 249 页。
[155] 阿伦特:《论革命》,第 145 页。
[156] 阿伦特:《过去与未来之间》,第 249 页以下。
[157] 让·齐格勒(Jean Ziegler):《我们任其饿死:第三世界的种族灭绝》(*Wir lassen sie verhungern. Die Massenvernichtung in der Dritten Welt*),慕尼黑,2012 年,第 15 页。
[158] 阿伦特:《自由的自由》,第 36 页。
[159] 阿伦特:《积极的生活》,第 243 页。
[160] 阿伦特:《论革命》,第 56 页以下。
[161] 索伦·克尔凯郭尔(Sören Kierkegaard):《重复》(*Die Wiederholung*),汉堡,1961 年,第 8 页。
[162] 阿伦特:《过去与未来之间》,第 224 页。
[163] 同上书,第 225 页。
[164] 同上。
[165] 尼采:《快乐的科学》(*Die fröhliche Wissenschaft*),见《尼

采全集》(考订研究版),第 3 卷,第 376 页。
[166] 阿伦特:《积极的生活》,第 42 页。
[167] 海德格尔:《存在与时间》,第 294 页。
[168] 阿伦特:《积极的生活》,第 42 页。
[169] 同上。
[170] 福柯:《规训与惩罚:监狱的诞生》(*Überwachen und Strafen. Die Geburt des Gefängnisses*),法兰克福,1977 年,第 173 页。
[171] 阿伦特:《积极的生活》,第 169 页。
[172] 柏拉图:《申辩篇》,施莱尔马赫译,31c 及以下。
[173] 阿甘本:《渎神》(*Profanierungen*),法兰克福,2005 年,第 7 页。
[174] 同上书,第 9 页。
[175] 同上书,第 10 页。
[176] 同上书,第 11 页。
[177] 阿伦特:《积极的生活》,第 121 页。
[178] 阿甘本:《渎神》,第 9 页。
[179] 同上书,第 10 页。
[180] 阿伦特:《积极的生活》,第 26 页。
[181] 同上书,第 25 页。
[182] 同上。
[183] 柏拉图:《理想国》(*Politia*),施莱尔马赫译,517a。
[184] 阿伦特:《积极的生活》,第 317 页。
[185] 阿洛伊斯·M. 哈斯(Alois M. Haas):《评 14 世纪多明我会神秘主义中"沉思的生活"与"行动的生活"》("Die Beurteilung der Vita contemplativa und activa in der Dominikanermystik

des 14. Jahrhunderts"），见维克斯（B. Vickers）编《工作、休闲与沉思》(*Arbeit Musse Meditation*)，苏黎世，1985年，第109~131页。此处：第113页。

[186] 弗里德里希·施莱尔马赫（Friedrich Schleiermacher）:《论宗教——对蔑视宗教的有教养者讲话》(*Über die Religion. Reden an die Gebildeten unter ihren Verächtern*)，麦肯施多克（G. Meckenstock）编，柏林/纽约，2001年，第79页。

[187] 同上书，第68页。

[188] 同上书，第112页。

[189] 弗里德里希·荷尔德林（Friedrich Hölderlin）:《许佩里翁，或希腊隐士》(*Hyperion oder der Eremit im Griechenland*)，斯图加特，2013年，第9页。

[190] 施莱尔马赫:《论宗教》，第114页。

[191] 荷尔德林:《荷尔德林全集》(*Sämtliche Werke*)，第3卷，拜斯纳（F. Beissner）编，斯图加特，1958年，第236页。

[192] 同上。

[193] 施莱尔马赫:《论宗教》，第79页。

[194] 荷尔德林:《荷尔德林全集》，第3卷，第236页。

[195] 同上。

[196] 海德格尔:《荷尔德林的颂歌〈追忆〉》，第177页。

[197] 荷尔德林:《荷尔德林全集》，第3卷，第237页。

[198] 施莱尔马赫:《论宗教》，第86页。

[199] 荷尔德林:《许佩里翁》，第177页。

[200] 施莱尔马赫:《论宗教》，第80页。

[201] 阿多诺:《美学理论》(*Ästhetische Theorie*)，见《阿多诺文

集》，第 7 卷，法兰克福，1970 年，第 410 页。

[202] 同上。

[203] 同上书，第 114 页。

[204] 海德格尔：《荷尔德林的颂歌〈追忆〉》，第 41 页。

[205] 荷尔德林：《在可爱的湛蓝中》（"In lieblicher Bläue"），见《荷尔德林全集》，第 2 卷（上），第 372~374 页。

[206] 荷尔德林：《许佩里翁》，第 104 页。

[207] 诺瓦利斯（Novalis）：《塞斯的弟子们》（*Die Lehrlinge zu Sais*），见克卢克霍恩（P. Kluckhohn）、萨穆埃尔（R. Samuel）编《诺瓦利斯诗文集》（*Schriften*），斯图加特，1960 年，第 1 卷，第 71~111 页。此处：第 79 页。

[208] 同上书，第 99 页。

[209]《诺瓦利斯诗文集》，第 3 卷，第 650 页。

[210] 奥斯卡·瓦尔策尔（Oskar Walzel）：《世界观与艺术观》（*Welt- und Kunstanschauung*），见《德国浪漫派》（*Deutsche Romantik*），第 1 卷，莱比锡，1918 年，第 1 页。

[211]《诺瓦利斯诗文集》，第 2 卷，第 533 页。

[212] 同上书，第 535 页。

[213] 同上书，第 545 页。

[214]《诺瓦利斯诗文集》，第 1 卷，第 193 页。

[215] 本雅明：《思想肖像》，第 146~147 页。

[216]《诺瓦利斯诗文集》，第 3 卷，第 519 页。

[217] 同上。

[218] 阿甘本：《来临中的共同体》（*Die kommende Gemeinschaft*），柏林，2003 年，第 51 页。

[219] 本雅明:《思想肖像》,第419页。
[220]《诺瓦利斯诗文集》,第3卷,第281页。
[221] 诺瓦利斯:《塞斯的弟子们》,第80页。

附录　韩炳哲著作年谱

Heideggers Herz. Zum Begriff der Stimmung bei Martin Heidegger.
Wilhelm Fink, Paderborn 1996.
《海德格尔之心：论马丁·海德格尔的情绪概念》

Todesarten. Philosophische Untersuchungen zum Tod.
Wilhelm Fink, Paderborn 1998.
《死亡模式：对死亡的哲学研究》

Martin Heidegger. Eine Einführung.
UTB, Stuttgart 1999.
《马丁·海德格尔导论》

Tod und Alterität.
Wilhelm Fink, Paderborn 2002.
《死亡与变化》

Philosophie des Zen-Buddhismus.
Reclam, Stuttgart 2002.
《禅宗哲学》(陈曦译,中信出版社,2023 年)

Hyperkulturalität. Kultur und Globalisierung.
Merve, Berlin 2005.
《超文化:文化与全球化》(关玉红译,中信出版社,2023 年)

Was ist Macht?
Reclam, Stuttgart 2005.
《什么是权力?》(王一力译,中信出版社,2023 年)

Hegel und die Macht. Ein Versuch über die Freundlichkeit.
Wilhelm Fink, Paderborn 2005.
《黑格尔与权力:通过友善的尝试》

Gute Unterhaltung. Eine Dekonstruktion der abendländischen Passionsgeschichte.
Vorwerk 8, Berlin 2006; Matthes & Seitz, Berlin 2017.
《娱乐何为:西方受难史之解构》(关玉红译,中信出版社,2019 年)

Abwesen. Zur Kultur und Philosophie des Fernen Ostens.
Merve, Berlin 2007.
《不在场:东亚文化与哲学》(吴琼译,中信出版社,2023 年)

Duft der Zeit. Ein philosophischer Essay zur Kunst des Verweilens.
Transcript, Bielefeld 2009; 2015.
《时间的香气:驻留的艺术》(吴琼译,中信出版社,2024 年,即将出版)

Müdigkeitsgesellschaft.
Matthes & Seitz, Berlin 2010; 2016.
《倦怠社会》(王一力译,中信出版社,2019 年)

Shanzhai. Dekonstruktion auf Chinesisch.
Merve, Berlin 2011.
《山寨:中国式解构》(程巍译,中信出版社,2023 年)

Topologie der Gewalt.
Matthes & Seitz, Berlin 2011.
《暴力拓扑学》(安尼、马琰译,中信出版社,2019 年)

Transparenzgesellschaft.
Matthes & Seitz, Berlin 2012.
《透明社会》(吴琼译,中信出版社,2019 年)

Agonie des Eros.
Matthes & Seitz, Berlin 2012.
《爱欲之死》(宋娀译,中信出版社,2019 年)

Bitte Augen schließen. Auf der Suche nach einer anderen Zeit.
Matthes & Seitz, Berlin 2013.
《请闭上眼睛:寻找另一个时代》

Im Schwarm. Ansichten des Digitalen.
Matthes & Seitz, Berlin 2013.
《在群中:数字景观》(程巍译,中信出版社,2019 年)

Digitale Rationalität und das Ende des kommunikativen Handelns.
Matthes & Seitz, Berlin 2013.
《数字理性和交往行为的终结》

Psychopolitik: Neoliberalismus und die neuen Machttechniken.
S. Fischer, Frankfurt 2014.
《精神政治学：新自由主义与新权力技术》（关玉红译，中信出版社，2019年）

Die Errettung des Schönen.
S. Fischer, Frankfurt 2015.
《美的救赎》（关玉红译，中信出版社，2019年）

Die Austreibung des Anderen: Gesellschaft, Wahrnehmung und Kommunikation heute.
S. Fischer, Berlin 2016.
《他者的消失：现代社会、感知与交际》（吴琼译，中信出版社，2019年）

Close-Up in Unschärfe. Bericht über einige Glückserfahrungen.
Merve, Berlin 2016.
《模糊中的特写：幸福经验报告》

Lob der Erde. Eine Reise in den Garten.
Ullstein, Berlin 2018.
《大地颂歌：花园之旅》（关玉红译，孙英宝插图，中信出版社，2024年，即将出版）

Vom Verschwinden der Rituale. Eine Topologie der Gegenwart.
Ullstein, Berlin 2019.
《仪式的消失：当下的世界》（安尼译，中信出版社，2023年）

Kapitalismus und Todestrieb. Essays und Gespräche.
Matthes & Seitz, Berlin 2019.
《资本主义与死亡驱力》（李明瑶译，中信出版社，2023年）

Palliativgesellschaft. Schmerz heute.
Matthes & Seitz, Berlin 2020.
《妥协社会：今日之痛》（吴琼译，中信出版社，2023年）

Undinge: Umbrüche der Lebenswelt.
Ullstein, Berlin 2021.
《非物：生活世界的变革》（谢晓川译，东方出版中心，2023年）

Infokratie. Digitalisierung und die Krise der Demokratie.
Matthes & Seitz, Berlin 2021.
《信息统治：数字化与民主危机》

Vita contemplativa: oder von der Untätigkeit.
Ullstein, Berlin 2022.
《沉思的生活，或无所事事》（陈曦译，中信出版社，2023年）

Die Krise der Narration.
Matthes & Seitz, Berlin 2023.
《叙事的危机》（李明瑶译，中信出版社，2024年，即将出版）